reinhardt

Judith Gartmann • Tanja Jungmann

Überall steckt Bewegung drin

Alltagsintegrierte Förderung motorischer Kompetenzen für 3- bis 6-jährige Kinder

Mit 2 Abbildungen und 3 Tabellen

Mit Online-Zusatzmaterial

Ernst Reinhardt Verlag München

Judith Gartmann, Physiotherapeutin, ist als wissenschaftliche Mitarbeiterin an der Medizinischen Hochschule Hannover (MHH) tätig.

Prof. Dr. *Tanja Jungmann*, Diplom-Psychologin, ist an der Carl von Ossietzky Universität Oldenburg als Professorin für Sprache und Kommunikation und ihre sonderpädagogische Förderung beschäftigt.

Im Ernst Reinhardt Verlag ebenfalls erschienen:
Koch, K., Schulz, A., Jungmann, T.: Überall steckt Mathe drin
(2. Aufl. 2020; ISBN 978-3-497-02951-8)
Jungmann, T., Koch, K., Schulz, A.: Überall stecken Gefühle drin
(2. Aufl. 2019; ISBN 978-3-497-02833-7)
Jungmann, T., Morawiak, U., Meindl, M.: Überall steckt Sprache drin
(2. Aufl. 2018; ISBN 978-3-497-02756-9)

Bibliografische Information der Deutschen Nationalbibliothek

Die Deutsche Nationalbibliothek verzeichnet diese Publikation in der Deutschen Nationalbibliografie; detaillierte bibliografische Daten sind im Internet über <http://dnb.d-nb.de> abrufbar.
ISBN 978-3-497-03020-0 (Print)
ISBN 978-3-497-61472-1 (PDF-E-Book)
ISBN 978-3-497-61473-8 (EPUB)

Printed in EU
Cover unter Verwendung eines Fotos von iStock.com/StockPlanets (Agenturfoto. Mit Models gestellt)
Abb. 1, Abb. 2 und Online-Zusatzmaterial unter Verwendung von Fotos und Abbildungen von Judith Gartmann
Satz: Katharina Ehle

Ernst Reinhardt Verlag, Kemnatenstr. 46, D-80639 München
Net: www.reinhardt-verlag.de E-Mail: info@reinhardt-verlag.de

Inhalt

Vorwort

Durch Bewegung erkunden und begreifen Kinder ihre Umwelt, beeinflussen diese aber auch aktiv. Eine der wichtigsten Entwicklungsaufgaben der frühen Kindheit besteht darin, motorische Kompetenzen zu erwerben. Dabei bieten Kindertageseinrichtungen Kindern zahlreiche Lernanlässe und Möglichkeiten, um ihre motorischen Fähigkeiten auszudifferenzieren und zu vervollkommnen. Die Bildungspläne aller Bundesländer geben ebenso wie der Bildungsrahmen für elementare Bildungseinrichtungen in Österreich und der Kindergartenlehrplan in der Schweiz Orientierungshilfen zur Umsetzung des Bildungsbereiches Bewegung. Dabei wird übereinstimmend festgestellt, dass das tägliche Miteinander in Kindertageseinrichtungen durch eine Vielzahl an Situationen geprägt ist, die zahlreiche Anlässe bieten, Bewegung als Lerngegenstand und als Medium des Lernens zu nutzen. Darüber hinaus kommt auch der gezielten Bewegungsförderung und der Prävention von motorischen Auffälligkeiten und Gesundheitsproblemen ein besonderer Stellenwert zu.

Das vorliegende Buch widmet sich der konkreten Ausgestaltung alltagsintegrierter Förderung motorischer Fähigkeiten. Die folgenden Fragen, die uns im Rahmen der Inhouse-Schulungen und der kollegialen Intervisionen im Rahmen des Professionalisierungsangebots für pädagogische Fachkräfte, GIF-Plus+ sehr häufig begegnet sind, sollen beantwortet werden:

- Steckt tatsächlich in allen Alltagssituationen in den Kindertageseinrichtungen Bewegung als Lerngegenstand bzw. als Medium des Lernens?
- Wie kann dieses Potenzial zur Förderung am besten erkannt und genutzt werden?
- Wie viel Anleitung und Unterstützung brauchen Kinder für die optimale Bewegungsentwicklung von ihren pädagogischen Fachkräften?

Bei GIF-Plus+ handelt es sich um ein Projekt zur Professionalisierung von pädagogischen Fachkräften in Kindertageseinrichtungen, das in Kooperation der Universitätsmedizin Greifswald, der Universität Rostock und der Medizinischen Hochschule Hannover durchgeführt und wissenschaftlich begleitet und vom Ministerium für Soziales, Integration und Gleichstellung des Landes Mecklenburg-Vorpommern gefördert wurde.

Neben der Beantwortung dieser Fragen sollen aber vor allem Möglichkeiten aufgezeigt werden, auf spielerische Art und Weise motorische Kompetenzen zu fördern bzw. Auffälligkeiten in der Bewegungsentwicklung präventiv entgegenzuwirken. Die Spiele werden differenziert nach den jeweiligen Kompetenzen dargestellt, für die sie förderlich sind, und ausführlich erläutert. Sie sind außerdem nach den Entwicklungsstufen geordnet, auf denen sich die Kinder gerade befinden.

Um die Anregungen und Spiele, die Sie in diesem Buch finden, umzusetzen, benötigen Sie weder teure Zusatzmaterialien, noch müssen Sie besondere Situationen schaffen, denn: Überall steckt Bewegung drin! Wir wünschen Ihnen und den Kindern viel Spaß und Freude bei der Umsetzung und freuen uns über Ihr Feedback.

Abschließend möchten wir all jenen danken, die uns tatkräftig unterstützt haben: Allen voran sind das die pädagogischen Fachkräfte, Kinder und Eltern, die am Projekt GIF-Plus+ mitgewirkt haben. Angestoßen durch deren zahlreiche Fragen und Anregungen aus der Praxis konnte dieses Buch erst entstehen.

Franziska Heinschke, Fenja Lampe, Thomas Pöche, Manuela Schumann und Tabea Testa danken wir für die kritische Durchsicht des Materials und zahlreiche wertvolle Anregungen.

Weiterhin möchten wir Eva Maria Reiling und Sarah Schröppel vom Ernst Reinhardt Verlag für ihre stets kompetente Betreuung des Buchprojektes sowie Corina Retzlaff für das Lektorat dieses Buches danken.

Hannover und Oldenburg, den 26.11.2020

Judith Gartmann — Tanja Jungmann

1 Motorische Kompetenzen

In diesem Kapitel werden zunächst die Meilensteine der Bewegungsentwicklung im grob- und feinmotorischen Bereich skizziert. Im Anschluss daran wird auf Möglichkeiten der Bewegungsförderung für alle Kinder sowie für Kinder mit motorischen oder körperlichen Beeinträchtigungen eingegangen. Es wird thematisiert, welche Rolle der pädagogischen Fachkraft bei der Diagnose und in der alltagsintegrierten Förderung der Bewegungsentwicklung zukommt. Alltagstaugliche Möglichkeiten zur Beobachtung und Dokumentation der Bewegungsentwicklung und der motorischen Kompetenzen, die die Grundlage jeglicher Förderung bilden, werden beschrieben. Das Kapitel schließt mit einer kurzen Darstellung der Bedeutung der Motorik für die Entwicklungsbereiche Sprache und Kommunikation, sozial-emotionale Entwicklung sowie für schulische Fähigkeiten und die Gesundheit.

Die Entwicklung motorischer Fähigkeiten ist für alle Kinder genetisch weitgehend vorgegeben. Dennoch sollten sie in ihrer Bewegungsentwicklung gezielt unterstützt werden. Durch die Bildung und Förderung von Bewegung wird die Koordination der Bewegungsabläufe verbessert, die Kinder fühlen sich sicherer, werden motorisch bewusster und können Gefahren und überfordernde Situationen besser einschätzen. Zudem sind motorische Übungen und Erfahrungen u. a. wichtige Faktoren für das soziale Lernen, die emotionale Regulation, die Unterstützung geistiger Funktionen oder des körperlichen Wachstums. Darüber hinaus dienen sie der Prävention von Unfällen, Krankheiten und Übergewicht (Rosenkötter 2020, Schwarz 2020). Wichtige personelle Voraussetzungen seitens der pädagogischen Fachkräfte für die gezielte Förderung motorischer Kompetenzen sind das aktive Mitmachen, aber auch die aufmerksame und geduldige Begleitung der Kinder. Diese ist dadurch geprägt, dass sie Freiheiten zum körperlichen Ausagieren und Ausprobieren lässt, aber auch Grenzen setzt, um vor Gefahren zu schützen

(Kap. 2.1). Kinder brauchen für ihre gesunde Bewegungsentwicklung auch andere Kinder. Mit ihnen können sie gemeinsam Ideen zu Bewegungsspielen entwickeln und diese miteinander teilen. So werden motorische und soziale Fähigkeiten gleichzeitig gefördert (Pauen 2011, Wolf 2010) (Kap. 2.2, 2.3). In der Kindertageseinrichtung sollten zudem geeignete Innen- und Außenräume (z. B. Garten, Park oder Wiese) und verschiedene Materialien (z. B. Klettergerüste, Tunnel, Tücher, Laufstrecken, Matten und Kästen) für die Bewegungsförderung vorhanden sein (Kap. 2.4). Gelingende Bewegungsbildung durch systematische Erziehung ist auf der individuellen Ebene (Verhältnisprävention) u. a. konkret daran zu erkennen, dass eine möglichst frühzeitige Unterstützung der motorischen Entwicklung stattfindet – unabhängig davon, ob ein Grenzstein Gefahr läuft, nicht aufzutauchen (Schwarz 2020).

1.1 Meilensteine der Bewegungsentwicklung und das motorische Lernen

Mit dem Begriff Motorik werden allgemein die verschiedenen körperlichen Funktionen von Haltung und Bewegung bezeichnet.

Bewegungskompetenzen

Jede Bewegung des menschlichen Körpers setzt sich aus den Teilbereichen Grobmotorik, Feinmotorik, Willkürmotorik, Sensomotorik und Koordination zusammen. Abhängig von der Bewegung sind diese Anteile unterschiedlich stark vertreten.

Grob- oder Körpermotorik

Als Grob- oder Körpermotorik werden die Bewegung und Koordination von Rumpf und Extremitäten, also die Körperhaltung im Allgemeinen und die Fortbewegung bezeichnet. Beispiele für grobmotorische Bewegungen sind das Gehen, Laufen und Springen.

Fein- bzw. Handmotorik

Die Feinmotorik umfasst sehr selektive, genau abgestimmte Bewegungsabläufe der Hände, der Füße sowie der mimischen Muskulatur im Gesicht. Unter Handmotorik werden zudem die Haltung und Bewegung der Hände (ein- und beidhändig), insbesondere auch die Beweglichkeit der Handgelenke und Finger gefasst. Dies wird auch als Handgeschicklichkeit bezeichnet. Zusammen mit der Auge-Hand-Koordination ist sie eine wesentliche Voraussetzung der grafomotorischen Kompetenzen beim Malen und für die Koordination der Schreibbewegungen im Schulalter (Rosenkötter 2020).

Willkürmotorik vs. Reflexe

Bewegungen, die bewusst vom Nervensystem gesteuert werden, bezeichnet man als Willkürmotorik. Im Gegensatz dazu stehen die unbewusst durchgeführten, unwillkürlichen Bewegungen des Körpers und die Reflexe. Zu den unbewusst gesteuerten Bewegungen gehören die Mitbewegungen der Arme beim Gehen oder z. B. Mitbewegungen der Zunge beim konzentrierten Malen oder Schreiben. Andere zumeist unbewusste Komponenten der Motorik sind Druck, Kraft und Ausdauer.

Sensomotorik

Der Begriff Sensomotorik bezeichnet die Steuerung von Haltung und Bewegung durch das Fühlen und Spüren z. B. von unterschiedlichen Untergründen oder wechselnder Raumlage des Körpers beim Schaukeln sowie die Verarbeitung dieser Signale durch das System der taktil-kinästhetischen Wahrnehmung.

Koordination

Die Koordination kann als die Basis aller Bewegungsfertigkeiten gesehen werden.

Die Qualität der koordinativen Fähigkeiten wird im Kindesalter angelegt (Zägelein 2013).

Sie besteht aus den folgenden Fähigkeiten (Thiel et al 2017):

- Kopplungsfähigkeit: Zusammenarbeiten verschiedener Körperabschnitte (z. B. der Arme und Beine beim Gehen),
- Differenzierungsfähigkeit: Feinabstimmung verschiedener Körperabschnitte (z. B. beim Ausschneiden von Figuren mit einer Schere),
- Reaktionsfähigkeit: Bewegungsantworten, die unmittelbar mit einer hohen Geschwindigkeit durchgeführt werden; diese sind von einfachen Reflexantworten abzugrenzen,
- Gleichgewichtsfähigkeit: Fähigkeit, den Körper in Balance halten zu können, ohne zu stürzen (z. B. beim Balancieren auf einem Baumstamm),
- Orientierungsfähigkeit: Wissen um die eigene Raumlage (z. B. beim Schaukeln, Tanzen oder am Ende eines Purzelbaumes),
- Umstellungsfähigkeit: Anpassung oder Adaption derselben Bewegung an wechselnde äußere Gegebenheiten (z. B. benötigt das Gehen im Sand eine andere muskuläre Aktivität als das Gehen auf einem ebenen Rasen),
- Antizipationsfähigkeit: Anpassung von Bewegung an wechselnde Gegebenheiten basierend auf Erfahrungswissen (z. B. müssen eigene motorische Erfahrungen mit Tiefe oder Glätte gemacht werden, um das zukünftige motorische Handeln daran anzupassen).
- Rhythmisierungsfähigkeit: ermöglicht ein perfektes Zusammenspiel von Nervensystem und Muskulatur, das für alle Bewegungen im Alltag sehr hilfreich ist (z. B. dem Gehen und Laufen), aber auch auf der Schaukel oder Wippe; beinhaltet die Wahrnehmung eines vorgegebenen Bewegungs-

rhythmus, sein Erkennen und die Anpassung der eigenen Bewegungen an diesen Rhythmus; auch für viele Sportarten (z. B. für das Tanzen), aber auch für Ballsportarten spielt die Rhythmisierungsfähigkeit eine besondere Rolle.

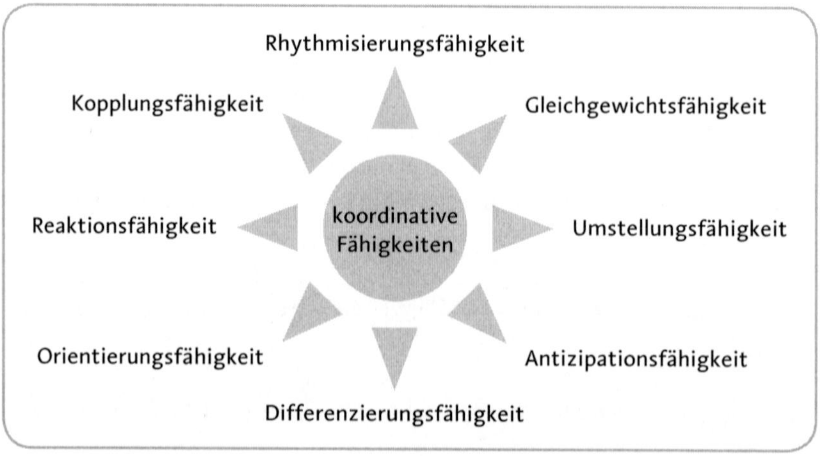

Abb. 1: Überblick über die koordinativen Fähigkeiten nach Thiel et. al. 2017

Meilensteine der Entwicklung

Mit Meilensteinen sind genetisch relativ vorbestimmte Bewegungsmuster oder -formen gemeint, die insbesondere in den ersten drei Lebensjahren mit vergleichsweise verlässlicher Regelhaftigkeit innerhalb bestimmter Zeitfenster auftauchen (Schwarz 2020).

„Als Meilenstein wird ein Entwicklungsabschnitt bezeichnet, in dem wichtige Funktionen, wie z. B. das freie Laufen oder der Pinzettengriff, möglichst erworben sein sollten. Die Zeitangaben beziehen sich dabei jeweils auf die durchschnittliche Entwicklung. Sie bezeichnen den Zeitpunkt, zu dem 50 Prozent aller Kinder eine definierte Fähigkeit erworben haben" (Rosenkötter 2020, 129). Durch die Orientierung an Meilensteinen kann die Variabilität der Entwicklung angemessen berücksichtigt werden.

Tabelle 1 gibt eine Übersicht der Meilensteine der grob- und feinmotorischen Entwicklung ab dem Krippenalter.

Einflussfaktoren

Ausgehend von angeborenen, im Zentralnervensystem verankerten motorischen Programmen mit ihren vielen Nervenverbindungen hat die Veränderung des Körperschwerpunktes durch das Wachstum Einfluss auf die Bewegungsentwicklung. Mit zunehmendem Körperwachstum richtet sich das Kind zunehmend gegen die Schwerkraft auf (Ayres 2013, Haber 2018).

Tab. 1: Meilensteine der motorischen Entwicklung (Largo 2010, Scheid 2009, Wolf 2010, Zimmer 2014)

2 Jahre	
Feinmotorik	Faustgriff zum Stifthalten und Malen, zum Auswickeln von Bonbons oder zum Umblättern dicker Buchseiten
Grobmotorik	Stehen, Gehen, erstes Werfen, erstes Klettern über niedrige Gegenstände (hüfthoch), Gegenstände aufheben
2–3 Jahre	
Grobmotorik	auf einem Bein stehen für einen sehr kurzen Augenblick
Feinmotorik	An- und Ausziehen einfacher Kleidungstücke (Mütze, Schuhe, Socken), selbstständiges Essen mit Löffel und Gabel
3 Jahre	
Grobmotorik	sicheres Gehen vor-, rück- und seitwärts, Rennen mit wenigen Ausgleichsbewegungen der Arme, treppauf gehen ohne Festhalten im Nachstellschritt, beidbeiniges Hinunterhüpfen von der untersten Treppenstufe, Rollen um die eigene Körperlängsachse, Hinaufklettern auf Kinderstuhl, Dreiradfahren, Laufrad, unsicheres Fangen größerer Bälle mit gestreckten Armen, beidhändiges Werfen eines Balles
Feinmotorik	Umblättern einzelner dünner Buchseiten, kleine Gegenstände mit Daumen, Zeige- und Mittelfinger greifen, dominante Hand meistens festgelegt, Bauen von Türmen aus Bauklötzen, Brückenbau aus 3 Klötzen, Perlen auf Schnur auffädeln, einzelne Schnitte mit Schere, benötigt noch Hilfe bei Knöpfen und Reißverschlüssen, Stifthalten im Daumenquergriff, Linie nachzeichnen
Spiel	Konstruktionsspiel (Bauen von Türmen aus Bauklötzen, Brückenbau aus 3 Klötzen), Symbolspiel, kurzes Rollenspiel mit anderen Kindern
4 Jahre	
Grobmotorik	Gehen und Rennen mit sicheren Bewegungen, zunehmendes treppauf- und -ab gehen im Wechselschritt, Stehen und Fortbewegen auf Zehenspitzen, Klettern auf Leitern, problemloses Dreiradfahren mit Pedalnutzung, kurzer Einbeinstand auf dominantem Bein ebenso einbeiniges Hüpfen, Schneidersitz, sichereres Werfen und Fangen von Bällen

Feinmotorik	selbstständiges Anziehen (auch Knöpfe auf- und zumachen), Beginn sichere Stifthaltung zwischen ersten drei Fingern, Malen einfacher Männchen, Bäume, sicheres Aufheben kleinster Gegenstände vom Boden, selbstständiges Blättern in Büchern
Spiel	komplexeres Konstruktionsspiel (Bauen von Türmchen und Treppen mit Bauklötzen), intensives Bilderbücher-Ansehen, komplexere Rollenspiele, Beginn Regelspiel
5 Jahre	
Grobmotorik	sicheres freihändiges Treppab- und -auf gehen im Wechselschritt
Feinmotorik	dominante Hand festgelegt, gerades Schneiden auf einer Linie mit Kinderschere, (Ab-) Schreiben großer Buchstaben, sicheres Essen mit Messer und Gabel

Vom Unterarm- und Handwurzelstütz in Bauchlage im Alter von drei bis vier Monaten erlangt das Kind im Alter von sechs Monaten zunehmend Kopfkontrolle im gehaltenen Sitzen und es gelingt ihm, sich im Alter von sieben bis acht Monaten von der Bauch- in die Rückenlage zu drehen und zu robben.

Dies erfordert hohe Anpassungen des neuromuskulären Systems und die Entwicklung der Haltungskontrolle, d. h., es entsteht ein Gleichgewicht aus Stabilität und Mobilität, das in jeder Position und Bewegung vom Zentralnervensystem neu angepasst werden muss. Deshalb verwundert es auch nicht, dass z. B. die Entwicklung der Koordination im Vorschulalter große Sprünge macht, welche parallel zur Reifung des Zentralnervensystems verläuft (Roth 2009).

Durch die Bewegungserfahrungen des Kindes wird ein Lernprozess in Gang gesetzt, da es aus den vielen möglichen Bewegungsantworten auf eine erste Bewegung innerhalb der ersten Lebensjahre die geeigneten Bewegungsantworten abspeichern kann. Der Körper verhindert sozusagen mit der Zeit unnötige Bewegungen und den damit einhergehenden unnötigen Energieverlust. Die Zielbewegung wird präziser (Haber 2018, Horst 2005).

Dies lässt sich besonders gut im Säuglingsalter beobachten, wenn das Baby mit dem Greifen beginnt. Mit jedem Versuch wird das Zielobjekt besser gegriffen.

physiologische Grundlagen

Mehrere Regionen unseres Gehirns arbeiten mit dem Nervensystem und dem Muskel-Skelett-System zusammen, um Bewegung möglich zu machen.

Dabei hat jeder Teil des Gehirns seine spezifische Aufgabe, z. B. leistet der Hirnstamm als ältester Teil unseres Gehirnes einen wesentlichen Beitrag bei stützmotorischen Aktivitäten wie dem Gehen und Stehen. Nicht zu vergessen ist das Kleinhirn, das in engem Kontakt mit den Sinnesorganen bei Bewegungen wie dem Aufrichten gegen die Schwerkraft und dem Anpassen von Bewegungen an verschiedene äußere Bedingungen unterstützt.

So sind das Gleichgewichtsorgan, die Augen, der Tastsinn und die tiefe Körperwahrnehmung nicht aus der Bewegung wegzudenken.

Je mehr sich ein Kind bewegt, desto stabiler werden die Nervenverbindungen zwischen den genannten Körperarealen und desto einfacher kann das Kind diese Bewegung durchführen sowie in späteren Lebensjahren noch abrufen.

Beispiel

Paul fährt mit großer Begeisterung täglich Fahrrad. Mehrmals in der Woche kommt er sogar mit dem Rad in Begleitung seines Vaters zum Kindergarten und radelt nachmittags wieder nach Hause. Sechs Wochen lang konnte er wegen seines gebrochenen Armes kein Fahrrad fahren. Doch nun geht es wieder los und er hat es nicht verlernt.

motorisches Lernen

Motivation und Freude sind die Voraussetzungen jeglichen motorischen Lernens im Spiel oder bei sportlicher Betätigung. Im Kindergartenalter sollte es nicht um sportartspezifisches Bewegungslernen, sondern um das spielerische Erlernen allgemeiner Bewegungskompetenzen für den alltäglichen Gebrauch sowie das gesunde Aufwachsen gehen.

Motorisches Lernen sollte im Kindesalter immer spielerisch erfolgen.

Dies ist an die Plastizität des Gehirns gekoppelt. Werden Bewegungen häufig und auch in Variationen durchgeführt, können diese im Gehirn langfristig abgespeichert und in ihrer Ausführung automatisiert werden. Auch die Wege zum Gehirn über die peripheren Nervenbahnen werden stabiler. Die Durchblutung des entsprechenden Hirnareals wird gesteigert (Conzelmann 2009, Horst 2005).

Das Kindergartenalter ist eine sensible Phase für Bewegungserfahrungen und deren Abspeicherung im Gehirn. Was jetzt nicht erlebt wird, kann in späteren Lebensphasen nur mit viel Anstrengung nachgeholt werden.

Abb. 2: Motorisches Lernen in Anlehnung an Zimmermann (1996)

Stabilisierung und Automatisierung

Die Bewegungen können unbewusst durchgeführt werden, d. h. auch unter Ablenkung.

↑

Feinform des motorischen Lernens

Es gibt eine zunehmende Verbesserung der Koordination bei sinkendem Energieaufwand.

Die bewusste Kontrolle nimmt ab.

Die Tiefenwahrnehmung für die Bewegung steigt.

↑

Grobform des motorischen Lernens

Bewusste Kontrolle („Mitdenken") und optische Kontrolle („Sichtkontakt") sind dringend notwendig.

Bedeutung des Spiels

Das Spiel ist die Hauptaktivität eines Kindes zum Lernen für das Leben. Erste spielähnliche Bewegungen können bereits im Mutterleib nachgewiesen werden und ziehen sich durch die Entwicklung auch außerhalb des Mutterleibes. Das (früh-)kindliche Spiel ist immer lustbetont und hat nie ein bestimmtes Ziel im Sinne eines „Endproduktes". Beim kindlichen Spiel geht es einzig um die Handlung an sich. Aus diesem Grund ist das Spielverhalten immer an den Entwicklungsstand eines Kindes angepasst. Ein gezieltes Einüben von bestimmten Bewegungen mit Hilfe der Bezugspersonen kann gegebenenfalls nicht dem selbstbestimmten Spiel entsprechen und negativ belegt werden. Das Training gezielter Bewegungen findet erst im späterem Alter im Rahmen des sportartspezifischen Trainings statt. Dennoch sollten Kinder zu verschiedensten Bewegungen animiert werden, z. B. ahmen Kinder Tätigkeiten Erwachsener nach oder spielen bei anderen Kindern Gesehenes nach (Largo 2010, Wolf 2010).

Erziehung und spezielle Lerntechniken stellen im Normfall keine notwendigen Voraussetzungen für das Erreichen der Meilensteine dar. Vielmehr sind diese genetisch festgelegt. Durch Zusatzmaßnahmen kann das Erreichen aber beschleunigt, verbessert bzw. im Optimierungssinne unterstützt werden.

1.2 Auffälligkeiten in der Bewegungsentwicklung

Grenzsteine der Entwicklung

Die interindividuelle Variabilität erschwert die sichere Unterscheidung zwischen einer normalen Bewegungsentwicklung und einer nicht mehr tolerablen Abweichung. Dennoch ist es wichtig, Zeitpunkte zu definieren, an denen Kinder eine bestimmte Fähigkeit erworben haben sollten. Als hilfreich haben sich in diesem Zusammenhang die Grenzsteine der Entwicklung erwiesen (u. a. Nennstiel-Ratzel et al. 2013).

Definition

„Ein Grenzstein ist das Lebensalter, in dem eine bestimmte Funktion von 90 bis 95 Prozent aller Kinder sicher beherrscht wird. Ist dies der Fall, ist noch nicht mit Sicherheit eine Entwicklungsverzögerung oder -störung anzunehmen“ (Rosenkötter 2020, 128).

grob- und feinmotorische Auffälligkeiten

Auffälligkeiten der motorischen Entwicklung betreffen zumeist die Grob- und Feinmotorik. Wenn eine oder mehrere der in Tabelle 1 genannten Funktionen deutlich verzögert oder nicht erreicht werden, sollte das Kind einer Entwicklungsdiagnostik zugeführt und danach ggf. eine Förderung eingeleitet werden, wobei im Idealfall speziell ausgebildete TherapeutInnen mit den pädagogischen Fachkräften kooperieren. So kann eine optimale Förderung des Kindes durch alle Bezugspersonen stattfinden.

Im Kindergartenalter zeigen sich häufig motorische Ungeschicklichkeiten, Konzentrationsstörungen, Haltungsschwächen, aber auch Adipositas infolge einer zu geringen Aktivitätszeit (Largo 2010, Rosenhagen 2017, Wolf 2010).

sensorische Integrationsstörung

Bei den sensorischen Integrationsstörungen handelt es sich um leichte neurologische Funktionsstörungen, durch die das Kind die Sinnesinformationen nicht gut verarbeiten kann. Die Folge sind Schwierigkeiten mit der Anpassung des Verhaltens an die Erfordernisse von Alltagssituationen:

- Die taktile Abwehr geht mit einer erhöhten Ablenkbarkeit einher.
- Bei der Dyspraxie mit sensorischer Grundlage handelt es sich um eine Störung der Bewegungsplanung, weil durch ungenaue Sinnesinformationen das Körperschema nicht gut entwickelt ist.
- Bei der vestibulär bedingten Bewegungsstörung und Integrationsstörung der Sensorik (BIS-Störung) ist das Zusammenspiel beider Körperseiten und Bewegungsabfolgen betroffen. Die Kinder zeigen oft eine unklare Händigkeit, haben im Schulalter Probleme mit dem Schreiben und weisen ein unsauberes Schriftbild auf.

Die Ausprägungen der sensorischen Integrationsstörung können sehr unterschiedlich sein: Während manche Kinder unterempfindlich (hyporeaktiv) sind und die Signale ihres Körpers und ihrer Umwelt gar nicht oder verzögert registrieren, sind andere überempfindlich (hyperreaktiv), was sie zu Überreaktionen, Wutausbrüchen, Reizbarkeit und Rückzug veranlasst.

Ursachen

Motorische Auffälligkeiten können verschiedene Ursachen haben. Es gibt Krankheiten, bei denen Veränderungen und Defekte der motorischen Strukturen auftreten (z. B. die Spinale Muskelatrophie oder Kleinhirnläsionen). Diese gehen oft mit speziellen neurologischen Symptomen einher. Im Kindesalter können das ein Weiterbestehen frühkindlicher Reflexe, unzureichende Aufrichtung gegen die Schwerkraft (mehrere Meilensteine werden nicht erreicht), Lähmungen und ein daraus resultierender Muskelabbau sein.

> Kinder mit diesen Krankheiten benötigen eine Unterstützung durch speziell ausgebildete TherapeutInnen, die im Idealfall mit den pädagogischen Fachkräften kooperieren. So kann eine optimale Förderung des Kindes durch alle Bezugspersonen stattfinden.

Sinnesstörungen

Da es sich bei Bewegung und Bewegungskoordination wie bereits erwähnt um ein sensomotorisches Programm handelt, also der Einfluss der Sinne von Bedeutung ist, haben auch Erkrankungen des Innenohrs und der Augen Einfluss auf die motorische Entwicklung, da diese maßgeblich an den Gleichgewichtsreaktionen beteiligt sind (Ayres 2013, Nacke 2005).

Beispiel

Um dies zu verdeutlichen, stellen Sie sich mit geschlossenen Augen auf ein Bein. Das kann schon etwas wackelig sein. Um Ihr Gleichgewicht darüber hinaus zu fordern, können Sie den Kopf nach links und rechts bei weiterhin geschlossenen Augen drehen. Wie fühlt sich das an?

> Früh erkannte Defizite der Sinnesorgane können jedoch vom Körper aufgrund der enormen Plastizität unseres zentralen Nervensystems mit entsprechender Förderung kompensiert werden.

Störungen des Körperschemas

Auffälligkeiten der Bewegungsentwicklung oder des motorischen Lernens können in einer veränderten Wahrnehmung des eigenen Körpers (Körperschema) begründet sein: Die fehlende oder einseitige „Förderung“ in den ersten Lebensjahren – hierzu zählen bereits der lustbetonte Kontakt zu den Bezugspersonen und zur Umwelt im Säuglingsalter oder das freie Ausprobieren von Bewegungen – kann zu Defiziten der Bewegungsentwicklung führen. Das Kind erarbeitet sich dann die Aufrichtung gegen die

Schwerkraft unzureichend. Die Haltungskontrolle ist ungenügend und es entsteht ein Ungleichgewicht zwischen Stabilität und Mobilität. So kann es sein, dass die Bewegungen der Arme und Beine bei einem größeren Kind im Vergleich zu seinen AltersgenossInnen ungeschickter wirken, da die Körpermitte keine ausreichende Stabilität gewährleisten kann. Außerdem entwickelt sich das Bewusstsein für den eigenen Körper hinsichtlich der Wahrnehmung ungenügend (Ayres 2013, Kesper 2021, Haug-Schnabel 2005, Nacke 2005).

Beispiel

Frau Müller fordert die Kinder ihrer Gruppe auf, die Arme gerade über den Kopf zu strecken und sich so ganz groß zu machen. Felix leidet unter einer veränderten Wahrnehmung seines Körpers, er kann seine Arme nicht ganz gerade und auch nicht akkurat über den Kopf hinaus strecken.

soziale Einflussfaktoren

Je überfürsorglicher Eltern und pädagogische Fachkräfte sind und je weniger Risiko sie zulassen, desto gehemmter ist das Bewegungsverhalten der Kinder. Dies kann dazu führen, dass bestimmte motorische Fähigkeiten nicht erworben werden (Schwarz 2020).

Beispiel

Dies ist der Fall, wenn dem Kind beispielsweise Alltagsaktivitäten wie das selbstständige An- und Auskleiden abgenommen werden, obwohl es diese bereits beherrscht.

Auch sollte ein Kind nicht mit dem Auto zum Kindergarten gefahren werden, wenn der Weg auch mit vertretbarem Zeitaufwand zu Fuß oder mit dem Rad – natürlich in Begleitung eines Elternteils – zurückgelegt werden kann.

Bildungspartnerschaft

In der geteilten Verantwortung von Eltern und pädagogischen Fachkräften geht es darum, Kindern Risikokompetenz beizubringen, die motorische Selbstwirksamkeit der Kinder positiv zu bestätigen und in den gelenkten Phasen den Fokus auch auf spezialisierte Fertigkeiten (Werfen, Fangen etc.) zu legen, da der erfolgreiche Erwerb mit einer erhöhten Teilhabe an sozialen Bewegungssituationen einhergeht.

Professionalisierung

Daher benötigen pädagogische Fachkräfte spezielle Qualifikationen für das komplexe Feld der Bewegungsförderung, die ihnen anhand von vielen Praxisbeispielen, vor Ort vermittelt und durch Intervision bzw. kollegiale Supervision gefestigt wird. Als eine Grundlage dafür kann das vorliegende Praxishandbuch eingesetzt werden.

Eltern brauchen neben themenspezifischen Infoabenden und Begleitmaterial zu Bewegung, Ernährung und Fernsehkonsum ihrer Kinder mehrmalige

Spiel- und Bewegungstage, in denen gut ausgebildete Fachkräfte z. B. im Außengelände oder auf nahe liegenden Spielplätzen den Eltern anregungsreiche, aber gefahrlose Bewegungsimpulse weitergeben und die gemeinsame Lust an Bewegung fördern (Schwarz 2020).

1.3 Motorische Kompetenzen und Bewegung beobachten und dokumentieren

Alltägliche und systematische Beobachtungen und Dokumentationen der Bewegungsentwicklung und der motorischen Kompetenzen sind eine Voraussetzung adäquater individueller Förderung und der Reflexion der eigenen Arbeit. Das führt dazu, dass Materialien besser hinsichtlich ihres Förderpotenzials beurteilt und hinsichtlich ihrer konkreten Zielsetzung ausgewählt werden können. Regelmäßige Dokumentationen der Beobachtungen unterstützen den Austausch über den Erwerb motorischer Kompetenzen und die kindlichen Interessen mit Eltern und Kollegen.

Beobachtung im Alltag

Beobachtungen sind etwas ganz Alltägliches. Die Fachkräfte beobachten die Kinder genau genommen in jeder Minute ihrer Arbeitszeit. Sie nehmen bewusst oder unbewusst wahr, was die Kinder im Alltag selbst entdecken oder sich bei anderen Kindern abschauen.

Beispiel

Die Alltagshandlungen beim Essen gelingen immer besser, Becher und Teller können im Zusammenspiel von Hand-, Körpermotorik und Gleichgewicht zum Tisch getragen werden, ohne etwas zu verschütten.

Im Umgang mit unterschiedlichen Strukturen und Oberflächen, die befühlt und ertastet, und unterschiedlichen Materialien, die verformt werden können, wie Teig, Sand, Matsch, Knetmasse, Wasser oder Pappmaché, differenzieren sich Bewegungs- und Wahrnehmungsschemata aus.

individuelle Entwicklungsskala

Für spezielle Bewegungen im Einzelfall bzw. für „Zwischendurch" eignen sich auch selbsterstellte Skalen (Horst 2005).

Beispiel

Hier am Beispiel des Ballfangens:
0 = fängt gar nicht
1 = verfehlt den Ball
2 = fängt zufällig/unsicher/berührt den Ball nur kurz und lässt ihn fallen
3 = fängt den Ball sicher
4 = fängt den Ball während des Erzählens
5 = fängt den Ball während des Laufens

Es ist wichtig, diese Alltagsbeobachtungen regelmäßig im Portfolio des Kindes zu dokumentieren. So können die Ausgangssituation und deren Weiterentwicklung festgehalten werden.

Oftmals sind in einem besonders wichtigen Augenblick weder Kamera noch Stift und Papier zur Hand. Um dies zu vermeiden, sollte Schreibmaterial immer im Gruppenraum griffbereit liegen, damit Notizen mit Namen, Zeit und kurzer Beschreibung des Beobachteten gemacht werden können. Diese Aufzeichnungen können dann in einer ruhigen Minute in einen Beobachtungsbogen oder ein Portfolio übertragen werden. Es ist auch schön, eine Kamera zur Hand zu haben, mit der die pädagogische Fachkraft oder ein Kind entscheidende Momente filmen oder fotografieren kann. Selbstverständlich nur mit Zustimmung der Eltern.

Die Entwicklung von Kindern zu beobachten und die eigene Beobachtungen z. B. in die Meilen- oder Grenzsteintabellen (Nennstiel-Ratzel et al. 2013) einzuordnen, bereitet sehr viel Freude. Erfahrungsgemäß geht dies nach einiger Zeit qualifizierter Beobachtung so selbstverständlich von der Hand, dass die Tabellen oftmals gar nicht mehr verwendet werden müssen.

Wahrnehmung vs. Bewertung

Unsystematische alltägliche Beobachtungen bergen aber grundsätzlich die Gefahr der Vermischung von Wahrnehmung und Interpretation. Deren Unterscheidung wird anhand der Beispiele in Tabelle 2 illustriert und anschließend näher erläutert.
Die Beobachtung unterscheidet sich von bewusstem oder unbewusstem Wahrnehmen dadurch, dass sie ein absichtlicher, *planvoller* und *zielgerichteter* Prozess ist, bei dem Informationen *systematisch* gesammelt werden. Es wird also nicht einfach nur wahrgenommen, sondern vorher überlegt, *was* genau beobachtet werden soll. Die Interpretation der Beobachtungen erfolgt vor dem Hintergrund des Wissens über die Meilensteine der Bewegungsentwicklung (Kap. 1.1).

Tab. 2: Beobachtung und Beschreibung vs. Interpretation und Bewertung am Beispiel motorischer Kompetenzen

Beobachtung einer Situation und deren Beschreibung	**Interpretation** einer Situation und deren Bewertung
Die Kinder sitzen im Morgenkreis und spielen das Spiel „Hip & Hep" (Kap. 4). Lena hat den Ball und wirft ihn Paul zu, so dass er einmal in der Kreismitte aufprellt. Paul fängt den Ball nach dem Aufprellen auf.	Feinmotorik und koordinative Fähigkeiten sind bei beiden Kindern schon so weit ausgeprägt, dass ein flüssiges Spiel mit positivem Erlebnis möglich wird. Beide Kinder zeigen, dass die Grundvoraussetzung der Bewegungsplanung im Gehirn gelegt ist und bereits automatisiert wird.

Beispiel

Lena kann im Morgenkreis den Ball durch Aufprellen im Rahmen eines gut ritualisierten Spiels an Paul weitergeben. Doch nutzt sie das Aufprellen auch spontan in einer freien Spielsituation, z. B. wenn der Ball auf dem Spielplatz zufällig zu ihr rollt und Paul sie bittet, den Ball zu ihm zurückzuwerfen?

Auf diese Weise hätte man eine sehr viel detailliertere und objektivere Aussage über einen Teilbereich von Lenas motorischen Kompetenzen.

Das kontrollierte Vorgehen erhöht die Objektivität und ist daher eine unerlässliche Ergänzung der allgemeinen Wahrnehmung.

Beobachtungsfehler

Dennoch können sich weitere Fehler beim Beobachten einschleichen, z. B. kann die eigene aktuelle Stimmungslage die Beobachtung maßgeblich beeinflussen. Solche Fehler lassen sich zwar nicht ganz, aber zumindest weitestgehend vermeiden, wenn

- Beobachtungsschwerpunkte vorab festgelegt werden,
- Beobachtungen zu zweit durchgeführt werden,
- Beobachtungen notiert oder aufgenommen werden (Dokumentation),
- sich im Team über potenzielle Beobachtungsfehler ausgetauscht wird und
- Bewertungen und Verallgemeinerungen möglichst vermieden werden.

Wichtig ist in der Beschreibung der beobachteten Kompetenzen möglichst konkret zu bleiben, um (potenziell unzulässige) Verallgemeinerungen zu vermeiden.

Grundsätzlich gilt es, Kenntnisse über die einzelnen Entwicklungsschritte, aber auch über die physiologischen Abläufe einer Bewegung zu gewinnen. Erst wenn dieses Wissen vorhanden ist, können Kompetenzen sicher beurteilt werden.

Zur Beobachtung, Beurteilung und Dokumentation motorischer Fertigkeiten sowie deren Entwicklungsstand eignen sich verschiedene motorische Assessments oder Testverfahren.

motorische Assessments

Diese Testverfahren sind im Idealfall standardisiert und wissenschaftlich evaluiert, d.h., Ablauf und Durchführung erlauben kaum Abweichungen, so dass der Test zeitgleich durch mehrere Beobachter durchgeführt werden könnte und die gleichen Ergebnisse erzielen würde.

Da es sich hierbei um Assessments für Kinder handelt, sollten sie spielerisch erfolgen. Die Handlung muss für das Kind bedeutsam sein (Motivation).

Beispiele für geeignete Assessments sind das Dortmunder Entwicklungsscreening für Kindergartenkinder (DESK 3–6 R, -Tröster et al. 2016), der Motoriktest für vier- bis sechsjährige Kinder (MOT 4–6, Zimmer 2015) und der Motoriktest Motorische Basiskompetenzen im Kindergarten (MOBAK-KG, Herrmann et al. 2018).

1.4 Beziehung zu anderen Entwicklungsbereichen

Die motorische Entwicklung ist eng verknüpft mit vielen anderen Entwicklungs- und Lernfeldern, etwa dem sozialen und emotionalen Bereich, aber auch mit Musik und Sprache (Zimmer 2016). Darüber hinaus belegen zahlreiche Studien, dass Menschen, die im frühen Kindesalter gut ausgeprägte motorische Fähigkeiten haben, im späteren Leben stärker belastbar sind, ein besseres Koordinationsvermögen sowie eine gesündere Körperhaltung haben (Ahnert/Schneider 2007).

Sprache und Kommunikation

Die gesprochene Sprache wird durch die Sprechwerkzeuge wie Zunge, Stimmlippen und Kiefer ermöglicht (Mundmotorik). Die Stimmbildung ist neuromuskulär gesteuert und ein feinmotorischer Prozess, gespeichert auf einem großflächigen Areal im Homunkulus der Großhirnrinde.

Als wesentlicher Bestandteil der nonverbalen Kommunikation werden Emotionen durch mimische Muskulatur (Feinmotorik) und Körperhaltung (Grobmotorik) zum Ausdruck gebracht.

Der Gebrauch unserer Hände (Handmotorik) für die gestische Kommunikation, aber auch die schriftliche Kommunikation mit dem Malen, Basteln und den ersten Schreibversuchen fällt in den Kompetenzbereich von Kindergartenkindern. Hier werden Grundlagen der Grafomotorik benötigt und mit den sprachlichen, nonverbalen und schriftsprachlichen Kompetenzen weiterentwickelt und zunehmend verfeinert. Dabei nimmt die Handgeschicklichkeit bedeutsamen Einfluss auf das Erlernen der geschriebenen Sprache und folglich auch auf die späteren schulischen Leistungen.

Kinder mit weniger geschickter Handmotorik entwickeln insbesondere beim Schreiben (Grafomotorik) in der Schule größere Probleme als handmotorisch geschicktere Kinder.

sozial-emotionale Kompetenz

Kinder brauchen für ihre gesunde Bewegungsentwicklung andere Kinder. Dabei werden sozial-emotionale Kompetenzen auch körperlich, also durch die aktive Regulation von Nähe und Distanz über Bewegung, aber auch über die Feinmotorik des Gesichts (Mimik), Gestik und die Sprache, zum Ausdruck gebracht. Für das gemeinsame (Bewegungs-)Spiel sind sozial-emotionale Kompetenzen einerseits wichtige Voraussetzungen, andererseits bieten Spiele und Bewegungsaktivitäten vielfältige Gelegenheiten, soziale Lernprozesse zu initiieren und zu gestalten. Zimmer (2016) beschreibt fünf Basiskompetenzen sozialen Handelns, die bei Bewegungsaktivitäten in der Gruppe eine Rolle spielen bzw. aufgrund bestimmter Regeln und Spielgedanken in das Spiel integriert sind:

- soziale Sensibilität,
- Toleranz und Rücksichtnahme,
- Kontakt- und Kooperationsfähigkeit,
- Frustrationstoleranz und Regelverständnis.

In und durch Bewegung mit anderen können die Regeln des Sozialverhaltens erprobt werden. Darüber hinaus ermöglichen pädagogisch angeleitete und strukturierte Bewegungsangebote aber auch spezifische Situationen, in denen das Einnehmen und Aushandeln von Rollen, das Vereinbaren von Regeln, die Kontaktaufnahme und kooperative Verhaltensweisen relevant sind. Sie können bewusst initiiert werden. Derartige Situationen unterstützen den Aufbau sozialer Kompetenzen, indem z. B. Verhaltensalternativen erprobt werden oder Kinder in der Interaktion mit anderen erfahren können, wie man verantwortungsbewusst handelt, eigene Bedürfnisse zum Ausdruck bringt, aber auch die Wünsche anderer berücksichtigt (Bischoff et al. o. J.).

Schulfähigkeiten

Der Einfluss von Bewegung auf die Schulfähigkeit wurde bereits am Beispiel der Handgeschicklichkeit thematisiert, die das Lernen der Schreibschrift erleichtert. Auch mathematische Basiskompetenzen stehen in Zusammenhang mit der Bewegung: Die Orientierung im Raum, Zahlen- und Mengenverständnis sowie die Händigkeit sind mathematisch-motorische Komplexe. So ist es nicht verwunderlich, dass Kinder mit motorischer Ungeschicklichkeit der Hände auch Defizite im mathematischen Kompetenzbereich haben können.

Es wird immer wieder diskutiert, dass diese motorische Geschicklichkeit Einfluss auf kognitive Funktionen wie Handlungsplanung und Aufmerksamkeitskontrolle haben kann. Ablenkbarkeit ist gerade in der Schule ein großes Problem.

gesundheitlicher Mehrwert

Bereits in der Antike galt ein gesunder Körper als Voraussetzung für einen gesunden Geist. Zum Gesundheitserhalt wurde schon damals körperliche Aktivität empfohlen (Krus / Bahr 2016). Heute ist das Sitzen in den Industrieländern die Hauptaktivität der meisten Erwachsenen (Engeroff 2017, Lehmann 2010).

Dabei ist bekannt, dass das Aktivitätsniveau eines Menschen sogar Einfluss auf das Sterberisiko (im Sinne der Lebenserwartung) hat (Lear et al. 2017).

Verschiedenste abgespeicherte Bewegungserfahrungen, eine stabile Haltungskontrolle und eine gute Selbstwahrnehmung können energieoptimierte und „saubere“ Bewegungen ermöglichen (z. B. beim Malen), das Sturzrisiko (auch im Erwachsenenalter) auf wechselnden Untergründen reduzieren und nach Krankheiten und Verletzungen die Genesung positiv unterstützen (Bewegungsgedächtnis) (Bader-Johansson 2000, Bizzini 2000, Horst 2005). Ein Aufwachsen mit Freude an Bewegung bringt auch einen gesundheitlichen Mehrwert. Zu nennen sei das kindliche Übergewicht mit weitreichenden Folgen für das Muskel-Skelett-System, das Herz-Kreislauf-System sowie die Psyche (Rosenhagen 2017).

Funktionelle Einschränkungen und einige Erkrankungen des erwachsenen Menschen (z. B. Bluthochdruck, Krebs, Osteoporose und Schlaganfälle) können durch Bewegung verhindert werden. Depressionen, Übergewicht, Bluthochdruck und Osteoporose lassen sich mit Bewegung hervorragend therapieren (Graf 2017). Die Grundlage hierfür wird im Kindesalter gelegt.

Körperliche Inaktivität gilt als einer der am besten modifizierbaren Risikofaktoren zur Gesundheitsförderung (Gabrys 2017).

Aktivitätsempfehlungen: In diesem Zusammenhang sind auch die nationalen Empfehlungen für Bewegung und Bewegungsförderung (Rütten / Pfeiffer 2016) zu sehen, die für Kindergartenkinder im Alter von vier bis sechs Jahren eine Bewegungszeit von insgesamt mindestens 180 Minuten pro Tag veranschlagen. Es werden ausdrücklich Bewegungszeiten zur freien Gestaltung empfohlen, in denen die pädagogischen Fachkräfte als Begleitung und nicht als Anleiter fungieren. Angeleitete Bewegungsstunden sollten ebenso regelmäßig stattfinden, allerdings nicht zu Lasten der freien Bewegungszeit gehen. Weiterhin sollte über mehr freie Spiel- und Tobezeiten im Außenbereich nachgedacht werden.

2 Alltagsintegrierte Förderung motorischer Kompetenzen

Die Förderung der motorischen Entwicklung aller Kinder in Alltagssituationen ist eine zentrale Aufgabe von pädagogischen Fachkräften. Zunächst wird geklärt, wie sich eine alltagsintegrierte Bewegungsförderung von motorischen Förderprogrammen unterscheidet. Im Anschluss daran wird thematisiert, welche besondere Bedeutung dabei dem Spiel zukommt. Weiterhin wird auf die Rolle der pädagogischen Fachkraft eingegangen, der die Aufgabe zukommt, die richtigen Inhalte, Methoden und Organisationsformen (Räume, Zeiten, Materialien und Personen) von sehr offen bis sehr gelenkt auszuwählen, um individuelle Bewegungsziele zu erreichen. Abschließend werden Möglichkeiten aufgezeigt, wie die Gestaltung des Gruppenraums die alltagsintegrierte Bewegungsbildung und -erziehung wirkungsvoll unterstützen kann.

2.1 Was ist alltagsintegrierte Bewegungsförderung?

Alarmiert durch Berichte über den Rückgang der motorischen Leistungsfähigkeit von Kindern um sieben bis 13 Prozent (Bös 2009), wurde die Aufmerksamkeit seit Beginn des 21. Jahrhunderts verstärkt auf die Entwicklung von strukturierten Programmen gerichtet. Sie sollen pädagogischen Fachkräften in Kindertageseinrichtungen ermöglichen, die Bewegungsentwicklung von Kindern gezielt zu unterstützen und Auffälligkeiten präventiv entgegenzuwirken.

Förderprogramme

Hierbei können systemorientierte Konzepte (z. B. Krombolz 2015), die stärker an der Gestaltung der Bewegungsumwelt ansetzen, von verhaltensorientierten Programmen (z. B. Weiss et al. 2004), die auf die Verbesserung der motorischen Leistungsfähigkeit des Kindes abzielen, unterschieden werden. Davon abzugrenzen sind therapeutisch orientierte Förderprogramme bei Bewegungsbeeinträchtigungen, wie der motorischen Ungeschicklichkeit (Clumsiness), die auch als umschriebene Entwicklungsstörung motorischer Funktionen (UME) definiert ist (AWMF 2011).

Definition

„Clumsiness ist ein koordinativ bedingtes Defizit in der Handlungskontrolle und -ausführung. Es äußert sich in Leistungseinschränkungen auf verschiedenen Ebenen wie Reaktionszeit oder motorische Leistungsfähigkeit und ist mit einer reduzierten Entwicklung motorischer Fertigkeiten verbunden" (Schack / Pollmann 2020, 5).

Bei diesen Programmen geht es stärker um eine kompensatorische Entwicklungsförderung der Motorik. Das MOVE-Programm („Mobility-opportunities-via-education", Whinnery / Whinnery 2007) wurde für Kinder entwickelt, die nicht über die erforderlichen motorischen Fähigkeiten verfügen, um selbstständig zu sitzen, zu stehen oder zu laufen. Ziel des MOVE-Programms ist es, Fortschritte in den genannten Fertigkeiten und funktional davon abhängigen Bewegungen und Handlungen zu erzielen (Schack / Pollmann 2020). Für die drei genannten Programme liegen Wirksamkeitsnachweise aus systematischen Evaluationsstudien vor.

Insgesamt gilt aber auch für den Bereich der Motorik, dass es viele Interventionsvorschläge, vor allem im Bereich der psychomotorischen Frühförderung gibt, diese aber selten hinsichtlich ihrer Effektivität evaluiert wurden.

alltagsintegrierte Förderung

In Abgrenzung dazu ist die alltagsintegrierte Förderung in den Tagesablauf der Kinder eingebettet. Dabei werden weder bestimmte Materialien oder Programmbausteine genutzt, noch geht es um eine strukturierte, standardisierte Abfolge von Fördermaßnahmen. Vielmehr wird davon ausgegangen, dass bereits alltägliche Situationen in den Kindertageseinrichtungen zahlreiche Möglichkeiten zur Förderung der motorischen Kompetenzen und der Bewegungsentwicklung bieten. Dies gilt insbesondere für die frühkindliche Bewegungsentwicklung, weil dort das spielerische Bewegen eine der häufigsten Verhaltensweisen überhaupt ist und vom Prinzip der Freiwilligkeit getragen wird (Zimmer 2016).

Alltagsintegrierte Förderung ist zielgerichtete Förderung motorischer Kompetenzen in Alltagssituationen.

Hintergrund ist die sozial-konstruktivistische Lerntheorie, nach der angenommen wird, dass Kompetenzen im Kontext bedeutsamer Aktivitäten in alltäglichen Interaktions- und Spielsituationen erworben werden. Die Aufgabe der pädagogischen Fachkraft besteht darin, den Alltag auf die Situationen hin zu analysieren, die Potenzial für die Förderung motorischer Kompetenzen haben und diese Situationen zielgerichtet pädagogisch zu nutzen. Basis dafür ist ein grundlegendes Wissen über die Bewegungsentwicklung im Kindesalter (Kap. 1). Hinzu kommt, dass nicht alle Kinder gleich neugierig, mutig und explorativ sind oder über die gleichen körperlichen Voraussetzungen für höhere Anforderungen verfügen. Auch dies muss von den Fachkräften in der Planung alltagsintegrierter Bewegungsförderung berücksichtigt werden.

Zielgruppe der alltagsintegrierten Förderung sind nicht nur Kinder mit Risiken oder bereits bestehenden Auffälligkeiten in ihrer motorischen Entwicklung, sondern alle Kinder ab drei Jahren, die die Einrichtung besuchen.

Die alltagsintegrierte pädagogische Förderung in Kindertageseinrichtungen hat hauptsächlich eine entwicklungsunterstützende, aber auch eine präventive Funktion: Indem die Kinder in ihrer individuellen Entwicklung adäquat gefördert werden, soll dem Entstehen von Auffälligkeiten vorgebeugt werden.

Bedeutung des Spiels

Im ersten Lebensjahrzehnt bewegen sich Kinder natürlicherweise und in der Hauptsache durch Spiel. Daher sollte Bewegungsförderung in der frühen Kindheit immer spielerisch erfolgen. Durch das Spiel erleben Kinder ihre Umwelt. Die Art, Häufigkeit und Intensität von Bewegungen sind hierbei altersabhängig. Die Einteilung des Bewegungsverhaltens von Kindern in Entwicklungsstufen in Tabelle 3 basiert auf Vorarbeiten von Payne und Isaacs (2011), die ein Lebensspannenkonzept („life span approach“) der menschlichen Motorik entwarfen.

Insbesondere das Kindergartenalter ist demnach durch einen hohen natürlichen Bewegungsdrang geprägt, was Kinder besonders empfänglich für die unterschiedlichen Bewegungserfahrungen macht. Die entwicklungsphysiologische Rolle von kindlichem Spiel (und damit kindlicher Bewegung) und sein Beitrag zum gesundheitlichen, kognitiven, sozialen und emotionalen Wohlbefinden von Kindern ist durch zahlreiche Studien belegt (Burdette/Whitaker 2005, Ginsburg 2007). Bewegungsförderung ist daher mehr als nur die Prävention von Übergewicht. Piaget (1994) bezeichnet Bewegung als eine

Tab. 3: Entwicklungsstufen des Bewegungsverhaltens von Kindern im Spiel (aus: De Bock, o.J., 3)

Entwicklungsstufe	**Alter** (in Jahren)	**Fertigkeiten** (hohe interindividuelle Variabilität)
Säugling	0–1	rhythmische Stereotypien ohne erkennbares Ziel, Eltern-Kind-Spiel
Kleinkind	1–4	Übungsspiel zur Verbesserung von Kraft, Ausdauer und Effizienz der Bewegungen
frühes Kindesalter	4–7	fortgesetztes Übungsspiel, Übergang zum Raufen/wilden Spielen bzw. formale Spiele in Gruppen ab fünf Jahren
mittleres Kindesalter	7–9	Raufen/wildes Spielen bzw. formales Spielen in sozialen Gruppen, kooperatives Spielen als wichtiger Teil der sozialen Entwicklung
spätes Kindesalter	9–11	
Jugendalter	11–21	Bewegung weniger Grundbedürfnis als Teil der Kultur (z.B. Sport)

elementare Form des Denkens. Demnach brauchen Kinder Bewegung, um ihre Sinne auszuprobieren und entwickeln zu können. Über Bewegung erfahren sie die Welt, sich selbst und andere. Bewegung vermittelt die Beziehung zwischen Körper, Seele und Intellekt. Sie fördert die körperliche, die sozial-emotionale und die kognitive Entwicklung. So werden beispielsweise sowohl die Sprachentwicklung (Zimmer 2016) als auch das mathematische Grundverständnis (Lensing-Conrady 2014) durch das Ermöglichen vielfältiger Bewegungserfahrungen positiv unterstützt (Beudels et al. 2019). Im Bewegungsspiel wird gleichzeitig das Sozialverhalten gelernt.

2.2 Gemeinsam in Bewegung – Die Rolle der pädagogischen Fachkraft

Die pädagogische Fachkraft sollte das motorische Förderpotenzial von Alltagssituationen erkennen und gezielt pädagogisch nutzen. Damit kommt ihr eine Schlüsselposition zu, in der entsprechend wichtige Anforderungen an sie gestellt werden.

Wissen über die Entwicklung

Entscheidend für eine entwicklungsadäquate Förderung der motorischen Kompetenzen sind umfangreiche Kenntnisse über die Bewegungsentwicklung von Kindern. Es muss also Wissen vorhanden sein, wie sich die motorische Entwicklung vollzieht, welche Phasen von den Kindern in welcher Reihenfolge durchlaufen werden, welche wesentlichen, im konkreten Verhalten beobachtbaren Meilensteine erreicht werden und welche inter- und intraindividuellen Unterschiede auftreten können. Ebenso müssen bedeutende Einflussfaktoren, welche auf diese Entwicklung einwirken (Kap. 1.1 und 1.2), bekannt sein. Eine wesentliche weitere Voraussetzung für eine adäquate alltagsintegrierte Förderung der motorischen Kompetenzen ist eine regelmäßige und systematische Beobachtung des Entwicklungsstandes jedes Kindes (Kap. 1.4).

Einstellung zum Kind

Wie in jedem anderen Entwicklungsbereich auch, sollte sich die pädagogische Fachkraft immer wieder mit ihren eigenen Einstellungen und Haltungen dem Kind gegenüber auseinandersetzen.

Gute Bewegungsbildung scheidet sich an der grundsätzlichen Frage, wie viel und wie stark der Erwachsene von außen lenken will und soll. Nach Zimmer (2014) macht es einen großen Unterschied, ob das Kind als ein noch unselbstständiges, hilfsbedürftiges Wesen betrachtet wird, dessen Entwicklung man steuern, lenken und beeinflussen muss, oder ob man Kinder als neugierige, aktive Menschen begreift, die durch eigene Erfahrungen und unbeirrbares Tätigsein Schwierigkeiten meistern und Unabhängigkeit und Selbstständigkeit entwickeln.

Im ersten Fall wird die Fachkraft Bewegungserziehung umsetzen, d. h., durch von außen gewählte Inhalte mit speziellen Methoden sowie der dazu passenden Organisation von Räumen, Zeiten, Personen und Materialien wird planmäßig versucht, gesellschaftlich in Bildungsplänen definierte Ziele zu erreichen (Schwarz 2020).

Beispiel

Am Dienstag geht die Igelgruppe immer in den Turnraum. Letzte Woche haben die Kinder einen Purzelbaum geübt. Das wird heute wiederholt. Dazu wurde der Raum schon mit Matten ausgelegt, um das Verletzungsrisiko zu reduzieren.

Im zweiten Fall wird die Fachkraft Bewegungsbildung ermöglichen, d. h., im Rahmen der biologischen (Meilen-/Grenzsteine, Fähigkeiten, körperliche Aktivität) sowie kulturell-sozialen Möglichkeiten (Fertigkeiten, Fitness) kann jedes Kind selbst, eigenständig, aktiv und einzigartig seine motorischen Kompetenzen entfalten (Schwarz 2020).

Beispiel

Die Igelgruppe war vormittags schon draußen zum Freispiel. Da das Wetter aber nun sehr stürmisch und regnerisch ist, verlegen sie ihre Aktivitäten in den Turnraum. Die pädagogische Fachkraft legt mit Hilfe der Kinder einige Turnmatten auf den Boden. Nun fragt sie die Kinder: „Wer von euch hat denn schon einmal einen Purzelbaum geschlagen?" Pia ruft: „Ich, ich, ich!" Daraufhin schlägt die Fachkraft vor: „Prima, Pia, möchtest du einmal vormachen, wie das geht?"

Wenn Kinder sich ausschließlich selbstbestimmt bewegen können und dürfen, entwickeln sie nicht zwingend optimale motorische Kompetenzen. Bewegungserziehung bietet ebenso den Rahmen wie auch die gezielten Anregungen und Möglichkeiten für die Aneignung motorischer Kompetenzen. Dabei sollte dem Kind aber ausdrücklich ein gewisses Maß an Freiheit und Verantwortung überlassen bleiben.

Ein Kind soll eigene Erfahrungen aus seiner Neugier und seinem Bewegungsdrang heraus machen. Bewegung und spielerische Aktivitäten dienen als Medium dafür. Pädagogische Fachkräfte sollen hierbei unterstützend wirken und „eine entwicklungsfördernde Umgebung (...) schaffen" (Zimmer 2014).

Vorbildfunktion

Gesunde Kinder im Kindergartenalter benötigen in der Regel keine gezielte Anleitung, wie sie etwas zu tun haben. Durch den natürlichen Bewegungsdrang kommt es automatisch zu den „entsprechenden Anpassungsreaktionen" (Ayres 2013). Zudem lernen sie durch das Nachahmen. Deshalb haben nicht nur Eltern, sondern auch Bezugspersonen wie pädagogische Fachkräfte eine bedeutende Vorbildfunktion (Zimmer 2013).

Es besteht ein deutlicher Zusammenhang zwischen dem Aktivitätslevel der pädagogischen Fachkraft und ihren zu betreuenden Vorschulkindern (Fossdal et al. 2018). Grundsätzlich sind Kinder aktiver, wenn die Umgebung aktivierend ist und die pädagogischen Fachkräfte mit einer positiven Vorbildfunktion am Kinderspiel teilnehmen (Bower et al. 2008). Deshalb sollten sie entweder selbst beweglich kompetent sein, auch an Turn- und Spielgeräten, oder aber die Selbstwirksamkeit der Kinder positiv bestätigen. Nur durch positive Bewegungserfahrungen können Kinder ein realistisches, aber leistungszuversichtliches Selbstbild entwickeln (Zimmer 2014).

Beispiel

Tobi langweilt sich in der Freispielzeit im Außenbereich der Kindertageseinrichtung. Er weiß offensichtlich nichts mit sich anzufangen. Die pädagogische Fachkraft ermuntert ihn, mit dem Ball prellend ein Stück zu gehen oder zu laufen und einmal zu versuchen, einen Korb zu werfen. Der Korbwurf gelingt zu seiner eigenen Überraschung. Tobi freut sich, was auch von drei anderen Kindern nicht unbemerkt bleibt. Sie klatschen und es entwickelt sich aus diesem Impuls ein Spiel zu viert.

Kinder müssen spüren, dass die pädagogische Fachkraft Vertrauen in ihre Fertigkeiten hat. In diesem Zusammenhang sind Kritik und soziale Vergleiche unangebracht.

Beispiel

Die pädagogische Fachkraft beugt sich in der Malsituation über Mia, um sich den Fortschritt beim Ausmalen eines Pferdebildes anzusehen. Sie äußert: „Dein Ausgemaltes ist aber unsauber. Du hast die Formen ja gar nicht eingehalten. Schau mal, Max kann das viel besser."

Stattdessen wäre es in dieser Situation besser gewesen, Mias Stifthaltung zu korrigieren oder ihr einen anderen Stift zum Ausmalen anzubieten. Weiterhin hätte die Fachkraft auch das Ausmalen nochmal selbst modellieren und Mia Tipps geben können, wie es beim nächsten Mal besser klappt oder sie hätte Max bitten können, Mia behilflich zu sein.

Es ist auch zu überprüfen, ob die Übungen schon oder noch dem Entwicklungsstand eines Kindes entsprechen. Ist dies nicht der Fall, muss nicht das gesamte Spiel oder die Übung gewechselt werden. Viele Spiele lassen sich vereinfachen oder erschweren, so dass alle Kinder in ihrer Zone der nächsten Entwicklung Lernerfahrungen sammeln können.

Immer wieder gibt es Kinder, die an bestimmten Spielen nicht teilnehmen möchten. Sie sollten wiederholt zur Teilnahme eingeladen, aber nicht gedrängt werden. Meistens steigen Kinder in ein Spiel ein, wenn sie selbst das Gefühl haben, dafür bereit zu sein (Zimmer 2014).

Zusammenarbeit mit den Eltern

Im Sinne einer Bildungspartnerschaft stellt die Kindertageseinrichtung die Ergänzung des Wirkungspotenzials der Familie und des häuslichen Umfeldes dar. Deshalb sollten die Eltern über die Bewegungspräferenzen ihres Kindes informiert und möglichst zum aktiven Mitmachen anregt werden. Für Eltern wie für pädagogische Fachkräfte gilt dabei, dass Überfürsorglichkeit das Bewegungsverhalten der Kinder hemmt. Um ängstlichen Eltern mehr Sicherheit zu geben, können bewegungspädagogisch entsprechend ausgebildete Fachkräfte z. B. im Außengelände der Kindertageseinrichtung oder auf nahe liegenden Spielplätzen den Eltern risikoreiche und -arme Bewegungsimpulse vermitteln und somit den Transfer in den häuslichen Alltag erleichtern. Weiterhin bieten sich themenspezifische Elternabende oder Begleitmaterial zu den Themen Bewegung, Ernährung und Fernsehkonsum an, die mit gemeinsamen Aktionstagen verbunden werden. Mehrmalige Spiel- und Bewegungstage gemeinsam mit den Eltern fördern die Lust an der Bewegung mehr als das bloße Sprechen über sie.

2.3 Räume für Bewegung schaffen – Förderliche Raumgestaltung

Für selbstgesteuerte Bildungs- und Lernprozesse des Kindes kommt dem Raum eine immense Bedeutung zu. In der Reggio-Pädagogik wird er deshalb auch als „dritter Erzieher" bezeichnet. Grundsätzlich ermöglicht eine bewegungs- und somit auch entwicklungs- und bildungsfördernde Raumgestaltung Kindern, explorativ zu handeln und vielfältige Bewegungs- und Wahrnehmungserfahrungen zu sammeln. Der Raum fungiert in diesem Sinne als „Entwicklungsbegleiter" und hält in Form einer vorbereiteten Umgebung Anreize für die Eigenaktivität und Selbstbildung der Kinder bereit (Stahl-von Zabern et al. 2014, 16).

allgemeine Empfehlungen

Kinder sollten sich so häufig und so lange wie möglich im Freien aufhalten. Empfohlen wird eine Dauer von mindestens zwei Stunden pro Tag. Je länger sich Kinder draußen aufhalten, desto weitläufiger und intensiver ist ihr Bewegungsverhalten (Schwarz 2020). Dennoch verbringen Kinder einen Großteil des Tages in ihrem Gruppenraum. Für jedes Kind sollten mindestens sechs Quadratmeter in den Innenräumen und 15 Quadratmeter in den Außenräumen zur Verfügung stehen. Ist das Außengelände zu klein und die Innenräume beengt, ist gesetzlich vorgeschrieben, dass auf nahegelegene Spielplätze, öffentliche Parks und Grünanlagen oder kleine nahegelegene Wäldchen auszuweichen ist (Schwarz 2020).

Der Gruppenraum sollte Kindern einerseits Geborgenheit und Sicherheit geben, andererseits sollten die Innenräume aber auch so gestaltet sein, dass ihre vielfältigen Materialien die Kinder immer wieder einladen, Neues zu entdecken und daraus zu lernen. Neben einer guten Ausstattung an bewegungsförderlichen Materialien kann eine bewusste Raumgestaltung die Bewegungsentwicklung der Kinder auch im Innenraum positiv unterstützen (Stahl-von Zabern/Böcker-Giannini 2016). Einige Empfehlungen für die Gestaltung der Außen- und Innenräume lassen sich aus der qualitativen und quantitativen Befragung des Projektes „Bewegung in der frühen Kindheit“ (BiK) (Fischer et al. 2016) ableiten.

Gestaltung der Außenräume

Ein anregendes Außengelände zeichnet sich durch Hügel, Gruben und Nischen aus. Es wird durch eine vielfältige Bepflanzung, die den Raum des Geländes sinnvoll strukturiert und zudem den Erlebniswert steigert, ergänzt. Wege, die in die Landschaft integriert sind, geben den Kindern Orientierung und ermöglichen ihnen, sich neue Räume zu erschließen.

Neben versteckten Barfuß- und Trampelpfaden mit unterschiedlichen Belägen (gröbere und feinere Steine, Holz, Sand, Baumstämme zum Balancieren), sollten sich auch festangelegte „Straßen“ im Außengelände befinden, die sich zum Befahren mit verschiedenen Fahrzeugen (Kettcar, Zweiradrollgeräte wie das Laufrad) eignen.

Das gesamte Gelände sollte sichere Möglichkeiten zur selbsttätigen Erfahrung der Umwelt mit allen Sinnen zu jeder Jahreszeit bieten. Hierfür kann z. B. eine Bewegungsbaustelle angelegt werden, auf der die Kinder mit Brettern, Kästen, Reifen, Rohren etc. eigenaktiv experimentieren und dabei Bewegungsanlässe nach ihren Bedürfnissen schaffen können.

Die im Außenbereich angebotenen Spielmaterialien sollten so ausgewählt sein, dass sie Kreativität und Fantasie im freien Spiel fördern. Vorgefertigte Spielgeräte, wie beispielsweise Rutschen und Schaukeln, können dabei mit naturbelassenen Spiellandschaften kombiniert werden.

Neben großflächigen Bewegungsmöglichkeiten sollten auch Anreize für verschiedene feinmotorische Bewegungserfahrungen und zum Ruhen und Auftanken geschaffen werden.

Fuß- und Handtastparcours sowie Labyrinthe (z. B. aus Steinen und Pflanzen) können zur Förderung der Selbstwahrnehmung und dem Erspüren der Oberflächenbeschaffenheit von Materialien (weich / hart, kratzig / glatt, kalt / warm, klein / groß usw.) eingesetzt werden. Auf dem Außengelände eigenen sich hierbei insbesondere Naturmaterialien, um die Neugier zu wecken. Auch eine abwechslungsreiche Gestaltung des Bodenbelags (kleine und große Steine, Sand, Gras, Rindenmulch etc.) ermöglicht umfangreiche taktile Wahrnehmungserfahrungen. Kräutergärten, Wasserspielanlagen, Steingärten u.Ä. bieten Anreize zum Matschen, Fühlen, Bauen und Gestalten. Beete / Hochbeete und Kräuterspiralen fördern den Umgang mit der Natur und machen für Kinder die Pflege, das Wachsen und Ernten der Nahrungsmittel erfahrbar. Auch Trockenmauern, Nistkästen und Insektenhotels laden die Kinder zum Beobachten der Natur ein.

Nistkästen und Insektenhotels können auch sehr gut unter Anleitung und mit Unterstützung der pädagogischen Fachkräfte von den Kindern selbst gebaut werden, was wiederum die Handmotorik fördert.

Rückzugsorte auf dem Außengelände können Kriechtunnel, Tipis aus Weidengerten, Nischen und Büsche, Hängematten sowie selbstgebaute Häuschen sein. Auch Sonnenuhren und Windspiele laden Kinder zum Verweilen ein und fördern die Erfahrung der Elemente und der Jahreszeiten – bei jedem Wetter.

Gestaltung der Innenräume

Kindern bleibt in Innenräumen der Kindertageseinrichtungen oftmals kaum Platz zum Bewegen; Geräte und Materialien insbesondere für grobmotorische Bewegungstätigkeiten fehlen. Es ist sorgfältig zu überprüfen, ob tatsächlich so viele Möbel gebraucht werden (Schwarz 2020). Grundsätzlich bieten (Mehrzweck-)Räume ohne Tische und Stühle Kindern Platz zum Bewegen. Die eingesetzten Materialien sollten taktile, kinästhetische und vestibuläre Wahrnehmungserfahrungen ermöglichen, um die Grundlage für die Ausbildung eines differenzierten Körperschemas zu schaffen und den Aufbau körpereigener Fähigkeiten zu unterstützen (Kopic 2013). Bei allen Materialien zur Förderung der Grob-, Fein- und Sensomotorik sowie der Koordination sollte darauf geachtet werden, dass eine Anpassung in den Schwierigkeitsgraden möglich ist (Beudels et al. 2019):

- Kleine und großen Kisten, Podeste, Treppenelemente, Tische und/oder Schaumstoffklötze sowie kleine und große Matten und Matratzen ermöglichen Bewegungen wie Klettern, Steigen, Purzeln, Wälzen und Rollen. Diese Bewegungstätigkeiten sind für den Aufbau von Gleichgewicht, für die Orientierung im Raum und die Entwicklung des Lagesinns grundlegend (Stahl-von Zabern et al. 2014).
- Schaukelvorrichtungen an der Decke oder alternativ Hängematten oder Reifenschaukeln, die zum Schwingen, Hängen und Hangeln einladen, ermöglichen vestibuläre Erfahrungen. Auch Hangelpfade oder Kletterwände fördern durch verschiedene Haltemöglichkeiten das Hangeln und Schwingen und geben somit Gelegenheit, das Gewicht des eigenen Körpers zu erleben und Vertrauen zu sich selbst aufzubauen (Stahl-von Zabern et al. 2014).
- Schräge Ebenen ermöglichen Kindern Rutscherfahrungen. Je glatter der Untergrund und je steiler die Neigung, desto schneller wird die Rutschbewegung. Das Gleichgewichtsorgan wird zudem durch das Erleben von Beschleunigung und Abbremsen angeregt. Das Kind lernt dadurch, ange-

messene Reaktionen auf solche äußeren Einflüsse zu entwickeln und sicherer im Alltag zu handeln (Stahl-von Zabern et al. 2014).

- Als Fahrgeräte im Innenraum sind Rollbretter besonders geeignet. Durch das Rollbrettfahren erleben Kinder Beschleunigung und Fliehkraft. Rollbretter können aber auch zum spielerischen Transportieren von Kindern oder Materialien genutzt werden. Diese Bewegungstätigkeiten bieten gute Anlässe, die konditionellen und koordinativen Fähigkeiten zu schulen (Stahl-von Zabern et al. 2014).
- Zur Förderung der Fein- bzw. Hand- und Fußmotorik eignen sich Pikler- und Hengstenbergmaterialien. Die Kinder bewegen sich barfuß, finden Halt mit ihren Füßen und begreifen dabei unterschiedliche Oberflächen.

Generell sollten alle angebotenen Gegenstände schlichte und klare Formen aufweisen und in der Hauptsache aus natürlichen Rohstoffen bestehen. Das Spielmaterial ist dabei so auszuwählen, dass es nicht reizüberfordernd ist. Nach dem Motto „Weniger ist mehr“ sollten Kindern wenig unterschiedliche Gegenstände in ausreichender Menge zur Verfügung stehen. Die strukturierte Auswahl und Präsentation des Materials wird durch die „vorbereitete Umgebung“ (Montessori 1984) unterstützt.

Aufgabe pädagogischer Fachkräfte ist es hierbei, den Bedürfnissen und dem Entwicklungsstand der Kinder gemäß ein Materialangebot zu schaffen, aus dem diese ihre eigenen Spielideen entwickeln können.

3 Ein Tag in der Kita

Alltagssituationen bieten vielfältige Möglichkeiten zur individuellen Förderung der Bewegungsentwicklung. Zunächst wird auf übergreifende Förderaspekte eingegangen, die in jeder Situation im Alltag der Kindertageseinrichtungen eine Rolle spielen können. Im Anschluss daran werden beispielhaft Situationen aus dem Kindergartenalltag herausgegriffen und dargestellt, wie die verschiedenen Bereiche der Motorik (Grobmotorik, Feinmotorik, Sensomotorik und Koordination) auf welche Art und Weise spielerisch gefördert werden können. Dabei sind die beschriebenen Vorgehensweisen als Anregungen zu verstehen, die durch weitere Beispiele ergänzt werden können und auch in anderen Zusammenhängen anwendbar sind.

3.1 Übergreifende Förderaspekte

Bewegung sollte im Alltag der Kindertageseinrichtung einen festen Platz haben. Dafür müssen geeignete Bedingungen bereitgestellt werden. Der Bewegung sollte Raum gegeben (Kap. 2.3), aber es sollten auch Bewegungsangebote inszeniert werden. Dabei reicht das Spektrum von offenen bis hin zu geschlossenen Bewegungsangeboten, die auf die konkreten Bedingungen der Kindertagesstätte und die Bedürfnisse der Kinder abgestimmt werden müssen.

offene Bewegungsangebote

Offene Bewegungsangebote legen den zentralen Fokus auf die Selbstständigkeit und -tätigkeit der Kinder. Die pädagogische Fachkraft arrangiert und kreiert im Vorfeld spezifische Erfahrungsräume, die im weiteren Verlauf aber auch von den Kindern oder der Fachkraft umarrangiert werden können (Erhorn 2016). Weiterhin assistiert sie den Kindern entweder indirekt, indem sie soziale und psychische Unterstützung durch ihre Anwesenheit und Ermutigungen gibt, oder sie hilft den Kindern durch direktere Formen aktiv bei der Umsetzung ihrer Handlungspläne. Die Hilfen sollten allerdings situationsorientierte Reaktionen auf Probleme der Kinder darstellen und weder zu früh noch zu spät erfolgen (Erhorn 2016).

Beispiel

Leon wechselt beim Malen vergnügt den Stift von der rechten zur linken Hand: „Guck mal, was ich mache. Ich male das Bild jetzt mit der anderen Hand aus.“ Leons pädagogische Fachkraft reagiert ebenso vergnügt: „Na, du machst ja Sachen. Mit welcher Seite kannst du denn leichter ausmalen?“

Generell sollte beim Assistieren nach Möglichkeit nur eine „Hilfe zur Selbsthilfe“ geleistet werden (Kretschmer 2000).

Reicht der Aufforderungscharakter der Umgebung nicht mehr aus, können die Fachkräfte Bewegungsaufgaben stellen oder vorschlagen, etwas vormachen oder aber mit den Kindern gemeinsame Aktivitäten beginnen (Erhorn 2016).

Beispiel

Die pädagogische Fachkraft möchte ein Fangspiel (Spiel 14) mit der Igelgruppe im Mehrzweckraum beginnen: „Passt mal auf, ich werde jetzt einen von euch fangen. Wer gefangen wurde, nimmt meine Hand, und dann fangen wir gemeinsam das nächste Kind. Los geht's!“

Assistieren und Anregen verlangen von den pädagogischen Fachkräften eine differenzierte Beobachtung des Geschehens, um situativ angemessen reagieren und handeln zu können.

Den Kindern werden ansonsten lediglich allgemeine Verhaltensregeln vorgegeben, um Nutzungskonflikte attraktiver Materialien zu reduzieren und Fragen der Sicherheit zu klären. Diese werden auf kindgerechte und knappe Formeln gebracht und mit Hilfe von Beispielen in sehr anschaulicher Weise illustriert.

Beispiel

In der Igelgruppe sind gerade die beiden Roller besonders begehrt. Jedes der sechs Kinder möchte beim Freispiel auf dem Hof damit fahren. Die pädagogische Fachkraft sagt: „Schaut mal, wir haben nur zwei Roller, aber ihr möchtet alle Roller fahren. Zuerst dürfen Cem und Lisa die Roller haben. Wenn ich euch das Stopp-Signal gebe (die Fachkraft macht das vereinbarte Handzeichen), dürfen Marco und Milla fahren. Nach dem Stopp-Signal sind dann Ida und Lennhard dran. Einverstanden?“

geschlossene Bewegungsangebote

Bei geschlossenen Bewegungsangeboten werden den Kindern die auszuführenden Bewegungsaktivitäten vorgegeben. Dabei kann es sich entweder um sportive Aktivitäten und mit ihnen verbundene Fertigkeiten handeln oder um Bewegungsspiele. Wenngleich geschlossene Angebote den Kindern zunächst einmal deutlich weniger Spielraum als offene Bewegungsangebote bieten, sollten sie nach Möglichkeit so konzipiert sein, dass sie zukünftig die Selbstständigkeit und -tätigkeit der Kinder unterstützen:

- Die Arbeit an verschiedenen Stationen strukturiert den Ablauf des Bewegungsangebots und lenkt die Aufmerksamkeit der Kinder auf einen gemeinsamen Gegenstand.

Beispiel

Am Nachmittag gibt es für alle Kinder der Igelgruppe noch einmal eine freie Spielzeit mit dem Fokus auf der Feinmotorik. Dazu wird an einem Tisch die Knete bereitgestellt. Mia und Paul sind gleich mit Begeisterung dabei. Felix knetet nicht so gerne, darum geht er an den Tisch, wo Lena und Pia bereits ihre Handumrisse ausmalen.

- Ein Stehkreis ermöglicht allen Kindern eine gute Sicht auf die Station und gibt einen Ordnungsrahmen vor, der die Kinder vor Ablenkungen von außen und Nebentätigkeiten abhält.

Beispiel

Die pädagogische Fachkraft Frau Müller sitzt auf einem Stuhl und demonstriert den Kindern das Binden einer Schleife in einzelnen Schritten. Alle Kinder stehen um sie herum und schauen aufmerksam zu (Kap. 4, Spiel 48).

- Die Bildung einer Reihe beugt Nutzungskonflikten vor und gewährleistet einen geregelten Ablauf.

Beispiel

Im Turnraum üben die Kinder heute einen Purzelbaum. Dazu stellen sie sich hintereinander vor der Matte mit Frau Müller an. Frau Müller kann so jedem Kind beim Purzelbaum schlagen helfen.

Darüber hinaus ist es sinnvoll, einen Bestand an Ritualen mit den Kindern einzuführen und geeignete Formen der verbalen und nonverbalen Kommunikation zu finden, da Spiele oder Übungen in den Horizont der Kinder gebracht werden müssen. Hierbei bietet sich das Vormachen an, um Kindern eine ganzheitliche Bewegungsvorstellung zu vermitteln.

Beispiel

Bevor die Kinder aufgefordert werden, selber den Purzelbaum zu versuchen, sagt Frau Müller: „Passt einmal gut auf, ich mache euch einmal vor, wie man einen Purzelbaum schlägt."

Während des Ausprobierens kommt wiederum der Assistenz der Kinder eine hohe Bedeutung zu. Im Kontext von Übungsprozessen handelt es sich zumeist um Hinweise in Form eines Feedbacks, der Schaffung eines positiven Lernklimas sowie der positiven Verstärkung der Kinder durch Lob, Ermutigung oder Ansporn.

In diesen Zusammenhang kann auch die Psychomotorik als ganzheitliche Entwicklungsunterstützung eingeordnet werden (Knauf et al. 2007).

Psychomotorik

Bei der Psychomotorik geht es darum, die eigene Körperwahrnehmung durch abwechslungsreiche Bewegungserfahrungen zu schulen. Grundlage ist die Erkenntnis, dass Bewegung und psychische Prozesse eng miteinander verknüpft sind. Die psychomotorische Sicht auf kindliche Entwicklung sieht

- die Bewältigung des Daseins,
- die Entdeckung des Ichs,
- den Aufbau von Körperwahrnehmung,
- die Körperkontrolle sowie
- die soziale Bindung

als Voraussetzungen für die Vermittlung von Kulturtechniken wie Lesen und Schreiben oder Mathematik (Lensing-Conrady 2014). Von einer psychomotorischen Einheit profitieren vor allem Kinder, die

- sich wenig zutrauen oder generell ängstlich und gehemmt sind,
- sehr unruhig sind und zum Beispiel unter ADHS leiden,
- über wenig Körperbeherrschung verfügen, die kraftlos und ungeschickt erscheinen (Clumsiness),
- aufgrund von Krankheiten oder Behinderungen in ihren Bewegungsabläufen beeinträchtigt sind,
- unter Wahrnehmungs- und/oder Konzentrationsproblemen leiden,
- soziale Schwierigkeiten haben und/oder
- Lern-, Sprach- oder Verhaltensauffälligkeiten zeigen.

Planung einer Psychomotorik-Einheit

Der Fantasie der Fachkräfte sind kaum Grenzen gesetzt, wenn es darum geht, eine Psychomotorik-Einheit zu planen. Bei der Auswahl passender Spiele sollte der Förderschwerpunkt im Fokus stehen, der von den individuellen Bedarfen der einzelnen Kinder abhängt.

Beispiel

Maxi, Paul und Sarah fallen dadurch auf, dass sie häufig in Konflikte verstrickt sind, aggressiv reagieren, wenn sie ein beliebtes Spielzeug nicht sofort haben können, und schlechte VerliererInnen sind. Die Fachkraft arrangiert daraufhin kooperative Variationen von Bewegungsspielen, z. B. die „Reise nach Jericho“ statt der „Reise nach Jerusalem“ im Morgenkreis (Spiel 2). Dabei sollen alle Kinder, insbesondere aber Maxi, Paul und Sarah spielerisch lernen, aufeinander Rücksicht zu nehmen, sich an Regeln zu halten und sukzessive in stärkerem Maße nach dem Motto „Gemeinsam sind wir stark“ zu agieren.

Marie ist sehr ängstlich und vorsichtig im Umgang mit neuen Materialien. Sie traut sich nur zögerlich, z. B. in der Bewegungsbaustelle vom Kasten auf die Weichbodenmatte zu springen. Die Fachkraft gibt Marie die Zeit, die sie braucht, um sich in der Bewegungsbaustelle oder dem Bewegungsparcours auszuprobieren und ihre Grenzen auszutesten.

Um das Körperbewusstsein zu stärken, eignen sich Entspannungstechniken wie die progressive Muskelentspannung, die Entspannung mit Grimassen oder die Gorilla-Atmung.

Beispiel

Bei der Gorilla-Atmung wird ganz tief in den Bauch geatmet und beim Ausatmen wie ein Gorilla gebrüllt, um die Anspannung zu lösen. Dabei trommelt sich das Kind auf den Brustkorb.

Bei Kindern im Vorschulalter sind Partnermassagen mit und ohne Geräte (wie z. B. dem Igelball) sehr beliebt. Diese können auch mit einer Fantasiereise gekoppelt werden. Hierbei werden Geschichten auf dem Rücken des Partners dargestellt (Spiel 62). Das Kind lernt im Umgang mit und ohne Geräte die taktile Stimulation des Körpers kennen.

Die meisten pädagogischen Fachkräfte verfügen bereits über ein großes Repertoire an Spielen und Übungen, die sich für den Einsatz in einer Psychomotorik-Einheit eignen.

Tipp

Experimentieren Sie ruhig hin und wieder mit verschiedenen Materialien und Geräten, ohne die individuellen Voraussetzungen der Kinder aus dem Blick zu verlieren.

Es ist vor allem wichtig, die individuellen Stärken der Kinder zu unterstützen und dafür zu sorgen, dass sie Spaß haben und ihren Erfahrungshorizont erweitern können.

3.2 Spezifische Alltagssituationen

Anliegen dieses Kapitels ist es, täglich wiederkehrende Situationen aufzugreifen und den Blick für darin liegende Potenziale der Förderung motorischer Kompetenzen zu schärfen. Es werden Impulse für weiterführende Ideen zur differenzierten Förderung der Bewegungsentwicklung gegeben.

Grundsätzlich steckt in jeder der Situationen das Potenzial zur Förderung verschiedener motorischer Kompetenzen. Dennoch sind spezifische Situationen oft für die Förderung bestimmter Kompetenzen prädestiniert. Es wird herausgestellt, für welche Variationen der Förderung sich einzelne Situationen besonders anbieten und welche Kompetenzen gut gefördert werden können.

Es geht nicht darum, alle möglichen didaktisch-methodischen Elemente in jeder Situation anzuwenden oder in jeder Situation alle motorischen Kompetenzen zu fördern. Vielmehr geht es darum, über ein variables Repertoire zu verfügen, um Alltagssituationen abwechslungsreich gestalten zu können. Dies schließt zugleich ein, dass feste Rituale eingeführt und genutzt werden.

Bewegte Begrüßung

Was & warum?

Die Begrüßungssituation markiert den Übergang von der häuslichen, familiären Umgebung in die Kindertageseinrichtung. Ihr Gelingen ist bedeutsam für den weiteren Tagesverlauf. In Abhängigkeit vom kulturellen Hintergrund, der aktuellen Befindlichkeit des individuellen Kindes, aber auch situativen besonderen Gegebenheiten – wie im Rahmen der COVID-19-Pandemie – stellt sich die Fachkraft-Kind-Begrüßung und die Begrüßung unter den Kindern unterschiedlich dar.

Händedruck

In unserem Kulturkreis ist es üblich, sich durch Handschlag zu begrüßen. Dieses Ritual der Begrüßung per Berührung der rechten Hände hat einen tieferen Sinn. Die rechte Hand war üblicherweise die Waffenhand. Durch das offene Zeigen der rechten Handfläche signalisierte man seinem Gegenüber, das man unbewaffnet ist und in friedlicher Absicht kommt. Durch die Berührung der Haut des Gegenübers stellt man zudem einen unmittelbaren Kontakt her. Dabei wird ein kurzer fester Händedruck als angenehmer empfunden als ein zu schwacher oder zu starker Druck. Beim Händedruck sollte die Intimdistanz des Gegenübers (ca. 50 cm Abstand oder eine Armlänge) beachtet werden.

Beim Händedruck handelt es sich um eine formelle Begrüßung, die bereits im Kindergartenalter sozialisiert wird.

Beispiel

Ida-Marie wird von ihrer Mutter zum zweiten Mal in den Kindergarten gebracht. Die pädagogische Fachkraft geht in die Hocke und begibt sich so auf Augenhöhe mit ihr. „Guten Morgen, Ida-Marie. Schön, dass du da bist." Sie streckt ihr die rechte Hand entgegen. Ida-Marie versteckt sich schüchtern halb hinter dem Bein ihrer Mutter. Diese ermuntert sie: „Komm, Ida-Marie, gib Frau Meyer mal die schöne Hand!"

Die Redewendung aus dem Beispiel – „die schöne Hand" – ist immer noch verbreitet. Gemeint ist die rechte Hand, die natürlich nicht schöner oder besser ist als die linke. Konventionell ist aber die rechte Hand zum Gruß zu verwenden, auch wenn man selber oder das Kind ansonsten LinkshänderIn ist.

kulturelle Einflüsse

In anderen Kulturkreisen gibt es andere Begrüßungsrituale. So ist in weiten Teilen Asiens eine kurze Verbeugung die übliche Begrüßungsform. Der Wangenkuss kommt vor allem in Europa sowie Zentral- und Südamerika in verschiedenen Variationen vor.

situative Einflüsse

Begrüßen sich Kinder untereinander, wird je nach Alter, Geschlecht und sozialer Nähe oder Distanz das Abklatschen (High Five) als Geste gegenseitiger Bestätigung, eine kurze oder längere Umarmung oder einfach ein kurzes Lächeln gekoppelt mit einem „Hallo" oder einem Winken in die Runde dem eher als steif und formell empfundenen Händedruck vorgezogen.

In Erkältungszeiten oder auch in Zeiten der COVID-19-Pandemie ist auf den Händedruck zu verzichten und ein Abstand von mind. 1,5 Metern einzuhalten. Als neue Begrüßungsgeste hat sich in der Zeit der Pandemie vor allem der Ellenbogen-Check etabliert.

emotionale Einflüsse

Jede Begrüßung ist auch durch Emotionen beeinflusst. Geht es dem Kind gut, sind die Bewegungen größer, fließender und absichtsvoller, das Lächeln herzlicher und der Stimmklang bei der Begrüßung heller als bei gedrückter Stimmung. Wut oder Ärger zeigen sich entweder in einer Verweigerung des Händedrucks, einem zu festen Händedruck oder dem Drehen der Hand des Gegenübers, was diesen zu einer körperlichen Reaktion (z. B. dem Drehen des Körpers oder der Beugung in eine bestimmte Richtung) zwingt. So gibt es auch hier wieder einen Schnittpunkt mit Emotion, Sprache und Sozialverhalten.

Grundsätzlich gilt, dass Kinder die Begrüßungsrituale lernen und bevorzugen, die pädagogische Fachkräfte, Eltern, andere Kinder, aber auch andere Erwachsene in sozialen Situationen modellieren. Die Kulturtechnik des Händedrucks wird in Deutschland von ca. einem Drittel der Kinder bei der Einschulung beherrscht.

Unabhängig davon, welches Ritual favorisiert wird: Kinder, die es gelernt haben, sich per Handschlag oder per Ellenbogen-Check, einem Lächeln und einem freundlichen Satz zu begrüßen, gehen rücksichtsvoller miteinander um (Engel/Hehemann 2006).

Morgenkreis

Was & warum?

In vielen Kindertageseinrichtungen ist der Morgenkreis ein täglich wiederkehrendes Ritual im Tagesablauf, bei dem alle Kinder und die pädagogischen Fachkräfte in einer festen (Stamm-)Gruppe zusammen sind. Der Morgenkreis ist der Ort, in dem über bestimmte Themen (z. B. das Wochenende) erzählt wird. Es werden Lieder gesungen, Kreisspiele gemacht und die Kinder auf den Tagesablauf vorbereitet.

Der Morgenkreis stellt zudem eine gute Gelegenheit zur Beobachtung der Kinder dar, da die Entwicklung des einzelnen Kindes durch den täglich wiederkehrenden Ablauf transparenter wird.

Beispiel

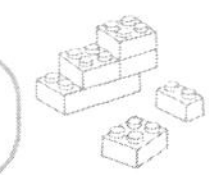

Frau Meyer ist aufgefallen, dass Mia in den letzten Wochen während des Freispiels nur noch bastelt und gar nicht mehr an den Bewegungsangeboten teilnehmen möchte. Sie spricht deshalb mit ihren Kolleginnen ab, dass im nächsten Morgenkreis „Reise nach Jerusalem“, ein Bewegungsspiel, das sich sehr gut hierfür eignet, gespielt wird. Im Morgenkreis wird deutlich, dass für Mia die schnellen Bewegungsabläufe sehr schwer umzusetzen sind. In den nächsten Wochen animiert Frau Meyer Mia immer wieder, am Bewegungsparcours teilzunehmen, und unterstützt sie dabei aktiv.

Aus motorischer Sicht wird oft kritisiert, dass der Morgenkreis überwiegend als Sitzkreis inszeniert wird. Doch es spricht nichts dagegen, den Kreis im Schneidersitz am Boden sitzend, stehend oder durch den Einsatz eines Balles und von Musik grob- und feinmotorisch fördernd zu gestalten (Spiel 5). Auch Gelegenheiten, zwischen Phasen des Ruhigsitzens und der Bewegung zu wechseln, sollten gegeben werden.

Grobmotorik

Bewegungsspiele zur Förderung der Grobmotorik im Morgenkreis gibt es in vielen Variationen, wie das bekannte Platzwechselspiel „Mein rechter, rechter Platz ist frei“ oder die „Reise nach Jerusalem“ (Spiel 1, Spiel 2).

Feinmotorik

Durch Variationen der Platzwechselspiele können neben der Grobmotorik auch feinmotorische Kompetenzen gefördert werden. Bei dem Spiel „Mein rechter, rechter Platz ist frei“ können die Kinder animiert werden, während des Aufsagens der Wunschformel im Sprechrhythmus mit einem Finger auf die Sitzfläche des freien Stuhls zu tippen oder für jede Silbe mit der ganzen Hand sachte zu schlagen. Bei der letzteren Variation handelt es sich zugleich um eine Förderung der phonologischen Bewusstheit im weiteren Sinne.

Das rufende bzw. wünschende Kind nennt daraufhin ein Tier, das das andere Kind pantomimisch darstellen soll, während es den Platz einnimmt. Dazu können z. B. auch Klanggesten eingesetzt werden.

Beispiel

Lisa wünscht sich Marco herbei, der als Affe auf den freien rechten Platz neben ihr kommen soll. Marco ist etwas unschlüssig, daher erinnert ihn die Fachkraft daran, dass gemeinsam das „Dschungelbuch“ in Bilderbuchform betrachtet und die verschiedenen Bewegungsmuster der Dschungeltiere eingeübt wurden: „Marco, kannst du dich noch erinnern, wie sich King Lui, der König der Affen, immer bewegt hat?“ Marco erhebt sich daraufhin von seinem Stuhl, trommelt sich auf die Brust, nimmt eine leicht gebückte Haltung ein und hüpft mit einem Fuß leicht vorangestellt zu dem Stuhl neben Lisa. Die Arme lässt er dabei locker neben seinem Körper fast in Bodennähe schlenkern.

Anstatt ein Tier nachzuspielen, können auch zuvor einfache Musikinstrumente an die Kinder verteilt werden. Diese werden genannt und während des Platzwechsels von dem gerufenen Kind benutzt, was je nach Instrument mund- oder handmotorische Kompetenzen erfordert.

Auch durch den Einsatz eines Balles kann die Feinmotorik im Morgenkreis gefördert werden. Je nach Alter und Entwicklungsstand der Kinder kann ein Ball anderer Größe oder mit einem anderen Gewicht genutzt werden. Auch kann variiert werden, ob der Ball im Morgenkreis durch Werfen und Fangen den/die BesitzerIn wechselt oder zunächst einmal gerollt oder geprellt wird. Das Kind im Ballbesitz hat jeweils das Rederecht, z. B. wenn über das Wochenende erzählt wird, und gibt dieses nach Abschluss seiner Erzählung rollend, werfend oder prellend an ein anderes Kind weiter.

Körperbeherrschung und -bewusstsein

Durch das Bewegungsspiel „Es war einmal …“ (Spiel 16) werden gleichzeitig die Grobmotorik, die Körperbeherrschung, das Körperbewusstsein und die sprachliche Entwicklung gefördert.

Koordination

Es gibt viele Spiele, Verse und Lieder für den Morgenkreis zur Förderung der Grobmotorik, z. B. „Von Kopf bis Fuß“ (Kinderlieder zum Mitsingen und Bewegen 24.05.2019), bei denen die Kinder richtig in Schwung kommen.

Auch die Feinmotorik der Finger und Füße (Gulden et al. 2017) kann im Morgenkreis bereits angeregt werden. Exemplarisch sei hier das Spiel „Tuchwanderung“ genannt (Spiel 37). Das Weiterreichen von Gegenständen mit den Händen ist den Kindern bekannt, die wenigsten haben es schon einmal mit den Füßen versucht. Die neue koordinatorische Herausforderung führt in der Regel zu viel Spaß.

Tipps zum Weiterlesen:

Bartoldus, B. (02.07.2019): Komm, beweg dich mit! – Fünf Bewegungsspiele für den Morgenkreis.

Erkert, A. (2021): Im Morgenkreis den Teamgeist wecken. modernes Lernen, Dortmund

Hagemann, C. (o. J.): Der gute Morgenkreis in Krippe und Kindergarten: Spielideen und Wissenswertes.

Janetzko, S. (2018): Kinderlieder für den Morgenkreis – 22 fröhliche Mitmachsongs zum Tanzen und Bewegen. CreateSpace Independent Publishing Platform, Kalifornien

Das Freispiel – Raufen, Toben, Erkunden

Was & warum?

Beim Freispiel handelt es sich um eine unstrukturierte Situation, die zahlreiche Gelegenheiten für offene Bewegungsangebote bietet (Kap. 3.1).

> Experten empfehlen, so viel wie möglich Freispielzeit in den Alltag einzuplanen, um dem natürlichen Bewegungsdrang der Kinder im Vorschulalter zu entsprechen (BzgA, Rütten 2016, Pohl 2014).

Autonomie

Freispielsituationen können von den Kindern selbst gestaltet werden, indem sie entscheiden, was sie wo, mit wem und wie lange spielen möchten. Auch Konflikte im Spiel sollen möglichst eigenaktiv gelöst werden (Regel / Kühne 2007). Häufig bilden sich Kleingruppen; aber auch das Spiel allein ist möglich. Durch den offenen Charakter ist das Freispiel prädestiniert für Beobachtungen der kindlichen motorischen Entwicklung, aber auch der Konfliktlöse- und Emotionsregulationsfähigkeiten. Hierfür eignet sich z. B. der KOMPIK-Beobachtungsbogen für Kinder im Alter zwischen dreieinhalb und sechs Jahren (Kruse 2013).

Manchmal benötigen die Kinder aber auch die aktive Unterstützung durch die Fachkraft. Beziehen die Kinder diese in ihr Spiel mit ein, können auch gezielte Anregungen oder Handlungsimpulse gegeben werden (Erhorn 2016).

inhaltliche Lernziele

Da sich Kinder im Freispiel eigenaktiv Wissen aneignen, können keine inhaltlichen Lernziele festgehalten werden. Vielmehr sind Eigenverantwortlichkeit, Selbstorganisation und Selbstbestimmung Lerngegenstände (Kasüschke/Jares 2010).

Spiel als „Königsweg des Lernens“

Das Spiel wird als „Königsweg des Lernens“ beschrieben (Regel/Kühne 2007, 24), da es ganzheitliche Bildungsprozesse, wie beispielsweise die Persönlichkeits- oder die Bewegungsentwicklung unterstützt. Das Spielmaterial sollte im Dialog mit den Kindern ausgewählt werden. Je nach Spielthemen der Kinder werden Räume und Materialien im Vorfeld so gestaltet, dass ein eigenständiges Spiel möglich ist und sich die Kinder bestmöglich entfalten können (Vorholz 2014).

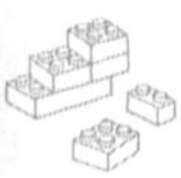

Beispiel

Mia, Paul und Frederik wollen in der Spielküche eine Hexensuppe kochen. Die pädagogische Fachkraft fragt: „Was meint ihr denn, was alles in eine ordentliche Hexensuppe gehört?“ „Hm, Froschaugen…“, meint Mia. „Glibberpampe…“, fällt Frederik ein. „Krakenbeine…“, ergänzt Paul. Daraufhin sagt die Fachkraft: „Na, dann wollen wir mal gemeinsam schauen, ob wir diese Zutaten finden.“ Als Nächstes suchen sich die drei Kinder ihre Kochutensilien.

Die verschiedenen Funktionsbereiche des offenen Ansatzes orientieren sich an den entwicklungspsychologischen Grundlagen der Spielentwicklung. So werden den fundamentalen Spielformen wie Rollenspiel oder Konstruktionsspiel eigene Funktionsbereiche mit speziellen Materialien zugeordnet (Wilk/Jasmund 2015).

Gemeinsame Mahlzeiten – Ernährung und Mundmotorik im Fokus

Was & warum?

Beim gemeinsamen Einnehmen der Mahlzeiten handelt es sich um eine halbstrukturierte Situation. Einerseits ist das gemeinsame Essen durch feste, ritualisierte motorische Abläufe geprägt. Andererseits gibt es innerhalb dieser ritualisierten Abläufe zahlreiche Möglichkeiten zur freien Gestaltung der Essensituation.

Grobmotorik

Um die eigentliche Mahlzeit herum passiert aus grob- und feinmotorischer Sicht einiges:

- das Decken des Tisches,
- das Platznehmen,
- das Essen auffüllen,
- die Getränke eingießen,
- die Schale mit Essen an den Nachbarn weitergeben,
- das Aufsagen des Tischspruchs,
- das Abwarten, bis alle Kinder ihr Essen haben und aufgegessen haben,
- nach dem Essen das Abräumen von Geschirr und Besteck sowie
- das Abwischen des Tisches.

Je nach Einrichtung werden diese Tätigkeiten über einen Tischdienst organisiert, bei dem jedes Kind mit beteiligt wird. Sie füllen die Getränkebecher für andere Kinder, bestreichen sich selbst die Brote, nehmen sich ihre Portion aus den Schüsseln und tragen später das gebrauchte Geschirr in die Küche.

Was aber noch viel wichtiger ist: Kinder lieben das Essen mit anderen Kindern. Während der gemeinsamen Mahlzeiten wird geredet, gelacht, sich wohlgefühlt und viel Neues entdeckt. Tischregeln, das Gewöhnen an unbekannte Lebensmittel und der Genuss beim Essen – all dies lernen Kinder ganz spielerisch wie von selbst.

Feinmotorik

Essen macht handmotorisch Spaß. Am Anfang sollten deshalb Matschen und das Essen mit den Fingern ausdrücklich erlaubt sein.

Beim Benutzen von Besteck ist wiederum die Vorbildfunktion der pädagogischen Fachkraft wichtig. Sie sollte den richtigen Umgang mit der Gabel und dem Löffel vormachen und den Kindern beim Einüben der Bestecknutzung Zeit lassen.

Zu Beginn sollten explizit nur Löffel und Gabel genutzt werden. Hierbei kann auch beobachtet werden, welche Hand die Kinder präferieren. Da das Schneiden mit dem Messer höhere feinmotorische Kompetenzen und auch einen anderen Kraftaufwand erfordert, sollten größere Nahrungsmittel ggf. von der Fachkraft vorgeschnitten werden (z. B. Fleisch, aber auch lange Spaghetti) (Schwarz 2020).

Kinder sind begeisterte PizzabäckerInnen oder – in der Weihnachtszeit – auch PlätzchenbäckerInnen. Beim Teigkneten und -ausrollen können sie spielerisch lernen, ihre Handkraft zu dosieren.

Beim Kekseausstechen ist zudem Fingergeschick gefragt. Nebenbei lernt das Kind seine Handlungen selbstständig zu planen und durchzuführen. Das gemeinsam hergestellte Gebäck wird entweder anschließend verzehrt oder die Kekse in der Weihnachtszeit als kleine Geschenke für die Eltern oder die

Großeltern in Tütchen mit Schleife verpackt – ebenfalls eine feinmotorische Herausforderung (Spiel 48).

Mundmotorik

Beim Essen selbst spielt die Mundmotorik eine große Rolle. Unterschiedliche Geschmacksrichtungen, verschiedene Konsistenzen und Größen von Lebensmitteln machen die Mahlzeiten zu einem sensorischen Erlebnis.

Beispiel

Um einen großen Löffel voll Kartoffelpüree zu essen, muss der Mund weiter geöffnet werden, als wenn ein kleiner Löffel verwendet wird.

Kartoffelpüree und Vanillepudding sehen ähnlich aus, schmecken aber komplett anders.

Spaghetti mit Tomatensoße lassen sich leichter essen, wenn die Spaghetti von der Fachkraft einmal durchgeschnitten werden. Werden sie lang gelassen, kann eine kleine Portion mit Löffel und Gabel aufgedreht werden.

Fordern Sie die Kinder auf, während der Mahlzeit immer mal wieder die Augen zu schließen. Haben sie mit dem Besteck den Mund genau getroffen? Konnten sie jedes Lebensmittel herausschmecken?

Gesundheitserziehung

Darüber hinaus kann auch der Umgang mit Lebensmitteln als Medium für Gesundheitserziehung (Sepp et al. 2016) und gesunden Lebensstil eingeführt werden. Den Kindern kann durch bewussten Umgang mit Nahrungsmitteln aktiv vorgelebt werden, wie wertvoll gesunde Lebensmittel sind.

Um eine ausgewogene Ernährung gewährleisten zu können, müssen pädagogische Fachkräfte und Eltern zusammenarbeiten und klare Regeln vereinbaren.

Folgende Punkte können besprochen werden:

- Bietet die Einrichtung ein Frühstück an oder bringt jedes Kind sein eigenes Frühstück mit?
- Wird ein offenes Frühstück angeboten oder wird in einem festen Zeitrahmen gefrühstückt?
- Welche Tischregeln gelten in der Einrichtung?
- Wie wird mit Süßigkeiten, Kuchen und Ähnlichem umgegangen?
- Wie sieht die Mittagsverpflegung aus?
- Welche Getränke werden mitgebracht bzw. vor Ort angeboten?
- Wie wird mit Lebensmittelallergien oder Neurodermitis umgegangen?

- Wie berücksichtigt die Kindertageseinrichtung, wenn Kinder aus religiösen Gründen anders essen?

Zudem unterscheiden sich die Verpflegungsbedürfnisse auch in Abhängigkeit davon, um welche Einrichtung es sich handelt und wie viele Stunden des Tages das Kind dort verbringt. Auch die Frage, ob nach den Mahlzeiten die Zähne geputzt werden, ist mit den Eltern zu klären.

Tipp

Die gemeinsame Festlegung von Regeln und deren konsequente Einhaltung sind in der Praxis oft nicht einfach, zumal die Vorstellungen der pädagogischen Fachkräfte und der Eltern oftmals deutlich divergieren. Hier können neutrale Fachleute der Ernährungsberatung von außen oft einfacher Empfehlungen aussprechen und helfen, Kompromisse zu finden.

Zum Weiterlesen:

Deutsche Gesellschaft für Ernährung e. V. (2009): Qualitätsstandards für die Verpflegung in Tageseinrichtungen für Kinder. DGE, Bonn
Kindergesundheit-info.de (o. J.): Ernährung in der Kita.
VIBSS (o. J.): Bewegungsspiele Rund um die Ernährung.

Bewegte Bilderbucherfahrungen

Was & warum?

Bilderbücher sind für Kinder eine Einladung zu einer Reise in eine andere Welt. Der frühen Förderung von Interesse an Büchern und Geschichten, an Sprachspielen und Reimen wird eine hohe Bedeutung für die späteren Bildungschancen zugeschrieben. In fast alle Bildungspläne der Bundesländer wurde die Förderung von Literacy-Kompetenzen aufgenommen (Jentgens 2009). Literacy-Angebote unterstützen u. a. die Konzept- und Kategorienbildung, die ab einem Alter von zwei Jahren einsetzt. Bei Buchbetrachtungen begegnet dem Kind die grammatikalisch komplexe Vorlesesprache, die sich von der alltäglichen Umgangssprache unterscheidet. Begleitende Gesten unterstützen zusätzlich die Merkfähigkeit und den Nachvollzug semantischer Strukturen (Jungmann et al. 2018).

Neben der Förderung sprachlicher Kompetenzen, die durch das bewegte Erzählen und Vorlesen von Geschichten angesprochen werden, kommt der Bezugsperson-Kind-Beziehung eine besondere Bedeutung zu (Jungmann et al. 2019). Beim gemeinsamen Vorlesen entsteht ein enger Kontakt zwischen der pädagogischen Fachkraft und den zuhörenden Kindern, wodurch die

Möglichkeit für intensive und sprachanregende Interaktionen gegeben ist. Situationen und Angebote dieser Art haben zudem eine förderliche Wirkung auf Konzentration und Kommunikation.

Grobmotorik

Bilderbücher können dazu animieren, die ganze Geschichte nachzuspielen oder die Erzählungen durch Bewegung zu begleiten (z. B. Spiel 17).

Beispiel

Wir machen uns jetzt groß wie eine Giraffe.

Wir schleichen jetzt wie ein Ninja.

Einzelne Charaktere einer Geschichte können auch pantomimisch dargestellt werden.

Gedichte und Reime werden durch Bewegung begleitet, indem z. B. im Rhythmus mitgeklatscht wird, oder die Kinder machen direkt nach, was die pädagogische Fachkraft vorliest.

Beispiel

„Der Storch ging über die Wiese." Die Kinder schreiten mit großen Schritten wie ein Storch. „Dann flog er los." Die Kinder breiten die Arme aus wie Flügel und bewegen sich nun fliegend durch den Raum.

Feinmotorik

Indem die pädagogische Fachkraft das Umblättern der Bücherseiten den Kindern überlässt, können während des Vorlesens die feinmotorischen Fertigkeiten gefördert werden. Im Nachgang zu der Geschichte können die Kinder auch aufgefordert werden, Szenen aus der Geschichte nachzumalen oder nachzubauen (Malen, Basteln und andere kreative Aktivitäten).

> Vorlesen, Erzählen, Zuhören und Bewegung sind nicht als Gegensätze zu betrachten. Sie ergänzen sich in der Umsetzung und teilen als gemeinsames Mittel des Ausdrucks und der Verständigung die verbale und auch non-verbale Sprache.

bewegte Literacyerfahrungen

Bewegte Literacyerfahrungen werden neben Reim- und Fingerspielen an konkreten Erzähl- und Bilderbuchbetrachtungssituationen erarbeitet. Dazu werden Bewegungselemente in Geschichten integriert; sie regen zum sprachlichen Austausch an (Madeira Firmino 2015).

Die klassische Vorlesesituation wird in solchen Mitmachbüchern um Handlungselemente und Bewegungsformen erweitert. Das Zuhören und Erleben einer Geschichte lässt die Kinder in die Welt der Fantasie eintauchen und bietet einen gemeinsamen Assoziationsraum voller Bewegungsanlässe.

innere Bewegung

Bewegung ist dabei Medium zur Umsetzung der Geschichten, aber auch die innere Bewegung wird angeregt. Die kindlichen Zuhörer tauchen mit dem ganzen Körper in die fiktive Welt ein, sie erleben und spüren sie. Die Angebote bieten neben Anregungen, die die sprachlichen Kompetenzen im engeren Sinne unterstützen, auch das Potenzial für Selbstwirksamkeitserfahrungen (Bandura 1992). In diesem Zusammenhang geht es nicht nur um das eigene positive Handeln innerhalb einer Vorlese- oder Erzählsituation, sondern auch um die Wahrnehmung dieser eigenen erfolgreichen Handlung (Madeira Firmino 2015).

Aufgabe der pädagogischen Fachkraft ist es, Ideen für bewegte Literacyangebote zu sammeln, jedoch auch Handlungsimpulse der Kinder aufzugreifen. Neben Geschichten spielen Bewegungslieder, Reime und Fingerspiele eine wichtige Rolle. Als Kerninhalte gelten die praktische Erarbeitung von eigenen Erzählungen sowie die Überlegung, wie Geschichten lebendig präsentiert und in Bewegung gebracht werden können.

Handlungs- und Bewegungsorientierung

Unter anderem wird für die handlungs- und bewegungsorientierte Bilderbuchbetrachtung das ZART-Modell (Brandt 2018) vorgeschlagen, das sich in vier Schritte gliedert:

- Zusammenfinden (ca. fünf Minuten): Ein kleines spielerisches Einstiegsritual mit inhaltlichem Bezug zur nachfolgenden Geschichte schafft Vertrautheit, bündelt die Aufmerksamkeit der Kinder und weckt die Achtsamkeit für die Gruppe und die Beziehungen untereinander. Es regt die individuelle Fantasie und Gestaltungsfreude der Kinder an, leitet spielerisch zur Geschichte über und bereitet so das gemeinsame Schauen, Sprechen und Hören vor. Geeignete Spielformen sind z. B. Gestenspiel, Bewegungsvers, Lied, Wahrnehmungsspiel mit verschiedenen Materialien usw.

Beispiel

Die pädagogische Fachkraft holt die Kinder in der Leseecke, die mit Sitzkissen ausgestattet ist, zusammen und läutet mit einem kleinen Glöckchen, um den Beginn der Vorlesezeit zu markieren. Heute wird das Buch „Die kleine Raupe Nimmersatt" von Eric Carle (1972) gemeinsam gelesen und erlebt.

- Ansprechen (ca. zehn Minuten): Nun kommt das ausgewählte Medium zum Einsatz, also die Geschichte, das Bilderbuch oder ein kleines Hörspiel. Dabei werden die Kinder so angesprochen, dass jedes einen eigenen Zugang, eigene Gefühle und Gedanken zu dem, was es hört und sieht, finden und sich im Dialog äußern kann.

Beispiel

Sobald die Kinder ihren Platz gefunden haben, gibt die pädagogische Fachkraft das Bilderbuch reihum und es wird kurz geplaudert: „Was ist zu sehen?", „Wer kennt das Buch vielleicht schon?"

- Raum geben (ca. 20 Minuten): Im Anschluss an das Vorlesen und Betrachten wird den Kindern Raum für persönliche Äußerungen, spielerische oder gestaltende Ausdrucksformen gegeben, die vertiefend an Aspekte der Geschichte anknüpfen können, zugleich aber genügend Freiraum für individuelle Umsetzungsideen lassen (freies Spielen, Legen, Formen, Fantasieren, Bewegen usw.).

Beispiel

Mit der App zum Buch „Die kleine Raupe Nimmersatt – Spiele und Entdecke" (StoryToys Entertainment Limited 2017) kann ein digitales Puzzle gebaut werden. Dazu versammeln sich die Kinder rund um einen Tisch. In einer Aufbewahrungsbox sind die bereits vorbereiteten Tablets. Um die Aufmerksamkeit der Kinder nicht abzulenken, solange die pädagogische Fachkraft erklärt, bleibt die Box verschlossen. Die Puzzles sind in unterschiedlichen Schwierigkeitsgraden verfügbar und können so dem Können der Kinder angepasst werden. Vielleicht hat das Puzzle bei der nächsten Runde schon mehr Teile?

Während die Kinder mit den Puzzles beschäftigt sind, kann über die Geschichte geplaudert werden: Wo leben die Tiere, die zu sehen sind? Können sie fliegen, schwimmen oder schnell laufen?

- Teilnehmen (ca. zehn Minuten): Die vorlesende und begleitende Fachkraft hört den Kindern aufmerksam und wertschätzend zu. Ebenso erleben sich die Kinder teilnehmend in einer Gruppe, die ihnen Freiraum für eigene Ausdrucksformen gibt, die aber auch von Achtung und Wahrnehmung untereinander getragen wird. Eine verbindende Geste, etwa ein spielerisches Abschlussritual, kann am Ende die gemeinsame Anteilnahme erneut spürbar werden lassen und die Wertschätzung für entstandene Bilder oder Ideen der Kinder bewusst machen, bevor sich alle voneinander verabschieden (Brandt 2018).

Beispiel

Die Kinder fliegen wie Schmetterlinge aus der Leseecke zu ihrer nächsten Aktivität.

Zum Weiterlesen:

Beigel, D., Grönemeier, D. (2017): Ich wär' jetzt mal Fledermaus. Spiel- und Bewegungsgeschichten zur sensomotorischen Förderung. modernes Lernen, Dortmund

Digi4under6.at (o.J.): Die kleine Raupe Nimmersatt.

Payr, A. (2018a): Heute bin ich Zirkus-Star. Verlag an der Ruhr, Hannover

Payr, A. (2018b): Heute fliege ich zum Mond. Verlag an der Ruhr, Hannover

Payr, A. (2018c): Heute gehe ich auf Schatzsuche. Verlag an der Ruhr, Hannover

Malen, Basteln und andere kreative Aktivitäten

Was & warum?

Beim Malen und Gestalten können sich die Kinder frei entfalten und kreativ mit Farbe, Stift und Pinsel umgehen. Die pädagogische Fachkraft kann hier sprachlich begleiten und die Kinder zu Erklärungen ihrer Arbeiten anregen. Beim Basteln und Erstellen von vorgegebenen Basteleien benötigen die Kinder – neben handlungspraktischer Unterstützung – allerdings vor allem das genaue Bewegungsvorbild der pädagogischen Fachkraft, das durch sprachliche Instruktionen und Anweisungen begleitet ist (Jungmann et al. 2018).

Damit die Kinder den genauen Bastelanweisungen folgen können, sollte die pädagogische Fachkraft handlungsbegleitend kleinschrittig erklären und dabei die entsprechenden Handlungen langsam und wiederholt durchführen.

Grobmotorik

Das Malen und Ausmalen macht Kindern in der Regel viel Freude. Diese Tätigkeiten werden üblicherweise sitzend am Tisch durchgeführt und entsprechende Vorlagen ausgemalt. Durch das Malen und Ausmalen kann aber durchaus auch die Grobmotorik gefördert werden. Dies gilt insbesondere für das großflächige Malen auf dem Boden. Gezielt können hierbei Formen wie Kreis, Viereck und Dreieck großformatig umgesetzt werden, z.B. auch mit Kreide im Außengelände. Dies fördert gleichzeitig auch die mathematischen Kompetenzen (Koch et al. 2020).

Beispiel

Auf dem Hof können die Kinder mit Straßenkreide riesengroße Figuren auf die Steinplatten malen. Diese können auch ausgemalt werden.

Das großflächige Malen ist zudem eine gute Vorbereitung der späteren feinmotorischen Bewegungen.

Feinmotorik

Beim Experimentieren mit Fingerfarben sind zwei wichtige Lernerfahrungen beteiligt. Zum einen lernt das Kind, mit klebriger, nasser und flüssiger Masse umzugehen. Zum anderen gibt das Gleiten der Finger auf der Materialoberfläche eine starke Rückmeldung über den nötigen Krafteinsatz. Kinder mit taktiler Abwehr können über die Arbeit mit verschiedenen Materialien ihre Hemmungen abbauen.

Freies Malen und Ausmalen fördern sowohl die Feinmotorik als auch die Grafomotorik. Die Kinder sollten beim Ausmalen immer dazu ermutigt werden, genau zu zeichnen und die vorgegebenen Linien einzuhalten. Bei den Vorlagen sind dem Alter entsprechende Schwierigkeitsgrade zu beachten. In kleine Spiele eingebunden lassen sich Kinder oft leichter motivieren (z.B. Wunschzettel oder Einkaufszettel malen, Rollenspiel Post).

Auch die Begleitung des Malens durch klassische und neuere Mal-Reime wie „Das ist das Haus vom Nikolaus“ oder „Punkt, Punkt, Komma, Strich“ (Spiel 27) ist motivierend für alle Kinder, auch jene mit feinmotorischen Problemen. Durch den Aufbau verschiedener Malelemente zu einer Geschichte kann der Schwierigkeitsgrad variiert werden. Die Wiederholung der Reime unterstützt neben der Feinmotorik auch die Sprache, Kognition sowie die phonologische Bewusstheit der Kinder.

Um feinmotorische Aufgaben bewältigen zu können, benötigen Kinder eine gute visuelle Wahrnehmung, eine gute Auge-Hand-Koordination sowie eine gut ausgebildete Muskulatur. Diese Fähigkeiten werden trainiert, je öfter Kinder die Gelegenheit haben, Beschäftigungen nachzugehen, die die Feinmotorik fördern.

Kleine Perlen zu greifen, erfordert Fingerspitzengefühl, Geduld und Ausdauer. Sowohl Jungen als auch Mädchen macht das Herstellen von Bügelperlenbildern Spaß. Die Steckplatten und Perlen gibt es in jedem Bastel- oder Spielwarengeschäft. Die aufgesteckten Perlen werden gebügelt und das Kind hält gleich ein Ergebnis in den Händen.

Auch das Perlenfädeln und damit die Herstellung von kleinen Schmuckstücken wie Ketten, Anhängern oder Armbändern bereitet Kindern viel Freude. Diese feinmotorische Anforderung schult die Handkoordination und übt das dosierte Schieben und Ziehen mit den Fingerspitzen. Sowohl beim Erstellen von Bügelbildern als auch beim Perlenfädeln sind beide Hände in Aktion.

Als Alternative zum Malen können kreative Bilder oder Collagen auch durch das Ausschneiden von Motiven aus alten Zeitschriften und Katalogen entstehen. Beim Kleben und Schneiden kommt es vor allem auf die richtige

Kraftdosierung und die Auge-Hand-Koordination an. Das genaue Erkennen der Linie beim Schneiden und die Handführung sind wichtige Voraussetzungen für die Grafomotorik.

Eine gute Abwechslung zum Malen ist die Erstellung von Knüll- und Materialbildern. Als Vorlage dient ein Ausmalbild, das zur Verstärkung auf Pappe geklebt wird. Die Kinder erhalten farbige Servietten oder Krepppapier, aus denen sie kleine Stücke zu Kugeln formen und auf die Vorlage kleben. Stattdessen können auch Materialien wie kleine Knöpfe aufgeklebt werden.

Tipp

Beobachten Sie den spontanen Handgebrauch der Kinder beim Malen, Basteln, aber auch allen anderen feinmotorischen Bewegungen, die großes Geschick erfordern. In welcher Hand hält es den Stift oder die Schere, mit welcher Hand nimmt es kleine Gegenstände auf?

Ist noch keine Händigkeit ausgeprägt, sollten Sie dies keinesfalls beeinflussen. Achten Sie darauf, Gegenstände nicht in die rechte oder linke Hand zu geben, sondern in Körpermitte zu reichen oder mittig am Arbeitsplatz zu platzieren.

Selbstverständlich sollten Material und Werkzeug auch für LinkshänderInnen in der Kindertageseinrichtung vorhanden sein (z. B. die LinkshänderInnenschere, LinkshänderInnenspitzer, LinkshänderInnenlineal). So erhalten auch die Kinder, die die linke Hand präferieren, die Möglichkeit, ihre motorischen Fähigkeiten bestmöglich zu entwickeln.

Tipp

Wenn Sie selbst die rechte Hand präferieren, setzen Sie sich beim Modellieren einer Handlung dem Kind, das die linke Hand präferiert, gegenüber. So kann es z. B. bei Papierfaltarbeiten oder dem Binden einer Schleife korrekt abschauen.

Beim Kneten erhalten Kinder eine direkte Rückmeldung über den maximal oder minimal erforderlichen Krafteinsatz, um Kugeln, Würste, lange Schlangen oder zusammengerollte Schnecken aus Knetmasse zu formen. Für den erprobten Kneter können dann dreidimensionale Knetfiguren eine Herausforderung sein (z. B. Spiel 44).

Beispiel

Paul knetet sehr gerne. Begeistert zeigt er der pädagogischen Fachkraft sein letztes Werk: „Schau mal, mein Monster! Es hat sogar am Bauch Stacheln und Hörner.“

Auch verschiedene Techniken im Umgang mit Wolle und Faden fördern Feinmotorik und Ausdauer (z. B. Stickbilder, geflochtene Bänder oder eine Bommel).

Steckspiele fördern die Kraftdosierung, die Handkoordination und die räumliche Orientierung, denn zumeist werden vorgegebene Bilder nachgebaut. Das Ergebnis kann zu Dokumentationszwecken fotografiert oder abgemalt werden. Eine zusätzliche Motivation, die auch die Kreativität fördert, ist das Ausdenken eigener Muster.

Eine kleine bunte Auswahl an Stempeln sollte in keinem Bastelsortiment fehlen. Die gestempelten Bilder können mit Farben verschönert oder ausgeschnitten werden. Stempeln kann auch in das Rollenspiel eingebaut werden, zum Beispiel als Besuch bei der Post oder beim Amt.

Für das Modellieren mit Pappmaché werden Tapetenkleister angerührt und Zeitungen in kleine Stücke gerissen. Mit einem größeren Pinsel oder mit der Hand – was noch mehr taktile Reize ermöglicht – werden der Tapetenkleister auf einen aufgeblasenen Luftballon aufgetragen und die Zeitungsschnipsel aufgeklebt. Es sind mehrere Schichten Zeitung nötig, um genug Stabilität zu erreichen. Was dabei entsteht, ist der Fantasie des Kindes überlassen: vom Sparschwein bis zum Fisch ist alles möglich. Vielleicht entsteht sogar die neue Kopfbedeckung für den nächsten Fasching. Um Nasen, Beine etc. anzubringen, eignet sich eine alte Eierpappe.

Im Herbst können aus glatten Kastanien, die beim gemeinsamen Waldspaziergang gesammelt wurden, mit Hilfe von Streichhölzern und etwas Holzleim Kastanienmännchen und/oder -tiere gebastelt werden. Die pädagogischen Fachkräfte assistieren beim Bohren der Löcher mit einem Handbohrer.

Bei allen diesen Tätigkeiten kommt es vor allem auf die Feinmotorik und die Geschicklichkeit an. Spielerisch wird der Umgang mit Fingerfarben, unterschiedlichen dicken Stiften, Pinseln, Klebstoff, Schere und Lineal gelernt. Das Modellieren mit Knete ist wiederum wichtig für die Sensorik.

Das Malen stellt eine gute Vorbereitung auf das Schreibenlernen dar und ist von großer Bedeutung für die Entwicklung der Händigkeit.

Tipp

Achten Sie bei Kindern, die die linke Hand präferieren, auf genügend Bewegungsfreiheit des linken Arms beim Malen, Schneiden und Werken. Dies kann auch über die Sitzordnung gesichert werden. So sollte ein linkshändiges Kind nicht rechts von einem Rechtshänder sitzen, da sich deren Arme dann schnell in die Quere kommen.

Grafomotorik

Bei der Grafomotorik werden grafische Zeichen mittels der Hand und einem Schreibgerät auf einem Untergrund produziert. Sie ist die motorische Voraussetzung für späteres schnelles Schreiben. Die Grafomotorik wird beim Malen und beim Umgang mit stiftähnlichen Werkzeugen (z. B. Pinseln) geübt. Nach einer Kritzelphase werden Buchstaben zunächst eher langsam und formgetreu gemalt. Dabei steht die visuelle Formkontrolle im Mittelpunkt.

Beispiel

Heute übt die Igelgruppe, das A zu schreiben. Mit einem dicken Wachsmalstift in der Hand malt Paul das A auf seinem Blatt Papier nach. Dabei muss er sich sehr konzentrieren und schaut für jeden Strich auf die Vorlage von Frau Meyer.

Durch zu langsames „Malen" der Buchstabenformen entstehen allerdings keine Bewegungsmuster im Gehirn, die automatisiert beim Schreiben abgerufen werden können. Der Übergang von der Grafomotorik zur Schreibmotorik ist fließend und von den Fähigkeiten des einzelnen Kindes abhängig. In der Regel ist dieser Übergang erst am Ende der zweiten Klasse zu beobachten, wenn das Erlernen der Buchstaben und Buchstabenverbindungen vollständig abgeschlossen ist (Leschnik 2020).

Kinder, die schon früh viel gebastelt und gemalt und dadurch spielerisch ihre feinmotorischen Fähigkeiten trainiert haben, fällt auch beim Schuleintritt das Schreibenlernen leichter. Einige Kinder können auch schon vor Schuleintritt einige Wörter – meistens ihren eigenen Namen – schreiben.

Konzentrationsfähigkeit

Malen, Basteln und Schreiben sind Ausdrucksformen für Kinder, die neben der entsprechenden Bewegungsfertigkeit auch die Konzentrationsfähigkeit fördern und fordern. Konzentration bedeutet, seinen Fokus auf eine bestimmte Tätigkeit zu richten und sich nicht ablenken zu lassen, bis die Aufgabe fertig ist. Insbesondere beim Basteln, Malen und Kneten benötigt man Konzentration. Ohne Ausdauer, Geduld und Fokussierung wird das Kunstwerk nicht fertig.

Eine Faustregel zur Ermittlung der Konzentrationsspanne bei Kindern geht von dem Lebensalter x 2 aus, d. h. ein Kind im Alter von vier Jahren kann sich durchschnittlich für die Dauer von acht Minuten konzentrieren (DGUV 2017).

Wenn Kinder allerdings großes Interesse an einer Sache haben, ist durchaus eine längere Konzentrationsphase möglich.

assoziierte Mitbewegungen

Eine Geste sieht man immer wieder, wenn Kinder sich Tätigkeiten widmen, die hohe Konzentration erfordern: die Zunge wird leicht herausgestreckt und bewegt sich zwischen den Lippen langsam mit.

Assoziierte Mitbewegungen der Zunge werden nach den Ergebnissen einer Studie von Forrester und Rodriguez (2015) mit der motorischen und der sprachlichen Syntax erklärt. Diese gab es schon lange vor der gesprochenen Sprache. Sie liegen fest verankert in der linken Gehirnhälfte und werden – solange Kinder noch klein sind – bei bestimmten Aktivitäten, die Konzentration verlangen, mit abgerufen. Für die Ausführung der eigentlichen Aktivität sind sie aber nicht notwendig.

Zum Weiterlesen:

Albers, I., Reincke, A. (2019): Zwei kleine Kreise gehen auf die Reise ... Mal-Reime: Wie Hand und Mund sich helfen. modernes Lernen, Dortmund

Labbé Verlag (o.J.): Punkt, Punkt I.

pro-kita.com (13.05.2019): 5 Tipps, um linkshändige Kinder effektiv zu fördern.

In der Turnhalle – Wir machen Sport

Was & warum?

Angeleitete Bewegungsstunden sollten regelmäßig in der Woche stattfinden. In den klassischen Kinderturnstunden im Kindergarten reihte sich mit den typischen Bewegungsspielen wie „Feuer, Wasser, Erde", „Der Plumpsack geht um" (Spiel 6) oder „Hase und Igel" (Spiel 7) in den 1980er und 1990er Jahren eine geführte Tätigkeit an die nächste.

Solche geführten Bewegungseinheiten haben ihren Platz auch in diesem Buch, sollten aber häufiger durch Phasen ergänzt werden, in denen die Kinder sich so bewegen dürfen, wie sie möchten.

Das Prinzip des Freispiels wird also vermehrt auf die Turnhalle ausgeweitet, weil auch hier gilt: Bildung ist Selbstbildung.

Grobmotorik

Ihre Grobmotorik trainieren Kinder ganz selbstverständlich – schon deshalb, weil Bewegung ihnen ein Grundbedürfnis ist. Die pädagogische Fachkraft hat die Aufgabe, gezielt Bewegungsanreize zu setzen, und den Raum, in diesem Fall die Turnhalle, entsprechend vorzubereiten.

In Abhängigkeit vom Alter der Kinder, ihren motorischen Kompetenzen und den zur Verfügung stehenden Geräten und Materialien können Bewegungslandschaften – auch Bewegungsparcours genannt – ganz unterschiedlich aussehen.

Beispiel

Viele Einrichtungen verfügen über ein ausklappbares Klettergerüst mit Sprossen und/oder einem Netz zum Klettern. Meist kann zwischen die parallelen Sprossen eine Leiter oder Turnbank geklemmt werden. Der Boden darunter wird mit Weichbodenmatten ausgepolstert.

Bereits dieser verhältnismäßig einfache Aufbau bietet den Kindern vielseitige Bewegungsmöglichkeiten. Sie können

- klettern und ihre Körperspannung trainieren,
- sich an der Leiter entlanghangeln,
- auf der Leiter balancieren oder
- vom Klettergerüst auf die Weichbodenmatte springen.

Beispiel

Fast jede Einrichtung besitzt einen höhenverstellbaren Kasten, in den einfach eine Langbank geklemmt wird. Die Kinder können sich an dieser hochziehen, auf den Kasten klettern und ebenfalls auf eine Weichbodenmatte herunterspringen.

Weitere Elemente, die sich gut als Station innerhalb einer Bewegungslandschaft eignen sind

- umgedrehte Bänke zum Balancieren,
- Schaukeln, Seile und Strickleitern, die an der Decke befestigt sind,
- Bälle und kleinere Kästen, um gezieltes Werfen zu üben.

Bewegungslandschaften haben den Vorteil, dass die Kinder eigenständig bestimmen können, wie sie die Bewegungsangebote nutzen möchten. Dies gibt der pädagogischen Fachkraft Zeit und Gelegenheit für die Tätigkeiten der Beobachtung und Dokumentation, weil sie kein Spiel erklären und anleiten muss.

Beispiel

Mia nimmt nur sehr zögerlich – wenn überhaupt – die Bewegungsangebote an. Auch bei Platzwechselspielen im Morgenkreis ist aufgefallen, dass die schnellen Bewegungsabläufe für sie sehr schwer umzusetzen sind. Die pädagogische Fachkraft Frau Meyer animiert sie daher immer wieder, am Bewegungsparcours teilzunehmen, und bietet ihr aktive Unterstützung an.

Um Unfälle zu vermeiden, sollte darauf geachtet werden, dass alle aufgebauten Elemente mit einem ausreichenden Fallschutz in Form von Weichboden- oder Turnmatten ausgestattet sind. Außerdem sollten sich in Abhängigkeit von den räumlichen Gegebenheiten und dem Alter der Kinder nicht mehr als 10 bis 15 Kinder gleichzeitig in der Turnhalle befinden.

Neben der Förderung der Grobmotorik sollten aber auch Geschicklichkeitsspiele (z. B. Spiel 55), Koordinationsübungen (z. B. Spiel 42) und Entspannung (z. B. Spiel 65) einen festen Platz im Rahmen des Kinderturnens einnehmen.

Feinmotorik und Koordination

Um das Balancegefühl zu schulen und spielerisch zu verbessern, eignen sich klassische Koordinationsspiele. Dazu gehören z. B. das Spiel „Eierlauf" (Spiel 51), das sich gut in einen Bewegungsparcours integrieren lässt.

Beim „Dosenwerfen" wird eine kleine Pyramide aus leeren Konservendosen aufgebaut, die mit einer bestimmten Anzahl von Ballwürfen (meistens drei) abgeräumt werden soll. Neben den Konservendosen werden drei Bälle benötigt. Das Kind, das als erstes mit drei Würfen alle Dosen abräumt, hat gewonnen. Durch das Zielen mit dem Ball verbessern Kinder ihr Wurf- und Ballgefühl.

Beim „Sackhüpfen" wird die Koordination beim Springen mit beiden Beinen gefördert. Es kann im Raum oder auch im Außengelände gespielt werden.

Beim „Diabolo" werden zwei miteinander verbundene Halbschalen über eine Schnur, die zwischen zwei Stöcken gespannt ist, balanciert.

Überall ist die Vorbildfunktion der pädagogischen Fachkraft durch Vormachen und aktives Mitmachen gefragt (Fossdal 2018). Zudem sind spezifisches Loben und Motivieren ohne zu bedrängen oder zu vergleichen, wichtige Parameter, um Kindern die Freude an sportlicher Aktivität näherzubringen und zu erhalten (Zimmer 2014).

Beispiel

Die Kinder der Igelgruppe spielen mit Frau Meyer Fangen. Ida-Marie sitzt in der Ecke und möchte nicht mitspielen. Frau Meyer bietet Ida-Marie an, mit ihr zusammen Fänger zu sein. Das findet Ida-Marie gar nicht so schlecht und sie steigt in das wilde Spiel mit ein.

Psychomotorik vs. Turnen

Die Psychomotorik hat im Gegensatz zum Kinderturnen, bei dem der Spaß an der Bewegung im Vordergrund steht, eher den Anspruch eines ganzheitlichen Konzeptes zur Förderung sozialer, motorischer und emotionaler Kompetenzen. Psychomotorik wird oft synonym zu den Begriffen Motopädie, Ergotherapie und Physiotherapie genutzt, womit der therapeutisch-medizinische Aspekt betont wird.

Eine effektive psychomotorische Förderung kann nur stattfinden, wenn lediglich eine begrenzte Anzahl an Kindern an den Übungen teilnimmt. Der Förderschwerpunkt (z. B. Konzentration, Reaktion, Kooperation, Körperwahrnehmung, Ausdauer, Selbstbewusstsein) sollte klar erkennbar sein. Es geht in der Regel aber nicht allein darum, dem natürlichen Bewegungsdrang der Kinder Rechnung zu tragen.

Zum Weiterlesen:

Albers, T. (2013): Bewegungsbaustelle als elementardidaktisches Prinzip einer bewegten Kitakultur. Nifbe-Fachbeiträge.

Miedzinski, K., Fischer, K. (2009): Die Neue Bewegungsbaustelle: Lernen mit Kopf, Herz, Hand und Fuß. modernes Lernen, Dortmund

Gemeinsames Tanzen und Musizieren

Was & warum?

Die musikalische Früherziehung stellt ein klassisches Aufgabenfeld der Kindertageseinrichtungen dar. Dies spiegelt sich auch in den verschiedenen Bildungsplänen der Bundesländer wider. Es gibt vielfältige Möglichkeiten für Kinder, Musik zu erleben und aktiv auszuüben. Dabei können musikalische Aktivitäten fest in den pädagogischen Tagesablauf eingebettet sein (z. B. die Platzwechselspiele mit Musik im täglichen Morgenkreis), anlassbezogen durchgeführt werden (z. B. beim ritualisierten gemeinsamen Singen eines Geburtstagsliedes) oder gezielt im Rahmen von Projekten angeregt und gefördert werden. Dabei steht meistens weniger der Erwerb bestimmter Kompetenzen im Vordergrund, sondern das Interesse und die Freude der Kinder an musikalischen Aktivitäten (Hirler 2005).

Grobmotorik

Kinder bewegen sich gern zur Musik – allein, gemeinsam mit anderen Kindern oder auch gemeinsam mit Erwachsenen. Musik synchronisiert Bewegungen und kann auf diese Weise auch zu einer Vertiefung von sozialen Kontakten beitragen.

Es gibt auch viele Mitmachlieder, bei denen das Gesungene direkt mitgemacht oder gezeigt wird.

Bei dem Bewegungslied „Körperteil-Blues" werden alle Körperteile von oben bis unten einmal besungen und durchgetanzt („Jetzt schütteln wir die Haare. Wo sitzen die Schultern? Und wie wackelt der Po?", Lichterkinder 05.12.2015).

Ganz nebenbei lernen die Kinder auch noch die Bezeichnungen für die verschiedenen Teile des Körpers.

Feinmotorik

Kinder nutzen aktiv die eigene Stimme, um emotionale Informationen beim Sprechen oder beim Singen zu transportieren. Gemeinsames Singen verbessert auch die sozialen Beziehungen der Kinder untereinander und führt zu einer höheren Hilfsbereitschaft und einer besseren Kooperation als gemeinsame Sportübungen (Kirschner/Tomasello 2010).

Durch musikalische Begleitung kann die Konzentration (z. B. beim Malen und Basteln) erhöht werden (Mal-Reime). Lieder werden nach- oder mitgesungen, sobald Kinder über die sprachlichen Kompetenzen dazu verfügen. Gerade die einfachen und einprägsamen Rhythmen der Kinderlieder sind hier besonders beliebt.

Kinder entdecken früh, dass Objekte typische Klänge haben, die sie ihnen mit Begeisterung entlocken, indem sie mit den Händen oder einem Stock draufschlagen (z. B. auf den Tisch, auf einen Blechtopf), indem sie Besteck aneinanderschlagen, aber auch indem sie Xylophon spielen, trommeln oder in eine Tröte oder eine Blockflöte hineinblasen (z. B. Spiel 53).

Koordination

Durch den Einsatz von verschiedenen Musikinstrumenten können Kinder ihre koordinativen Fähigkeiten spielerisch weiterentwickeln: im Rhythmus trommeln oder klatschen, durch die Dosierung der Kraft zwischen laut und leise variieren. Die pädagogischen Fachkräfte sollten Kindern die Möglichkeit bieten, verschiedene Instrumente zum Schlagen, Zupfen und Streichen auszuprobieren.

Instrumente eigenen sich auch, um Szenen aus Bilderbüchern zu vertonen oder zu untermalen, um die innere Bewegung, die durch Mitmachbilderbücher erzeugt werden soll, zu verstärken (z. B. der Trommelwirbel im Zirkus oder der Regen im Dschungel mit einem Regenstab).

Zum Weiterlesen:

Riffard, N., Freutel, L. (o. J.): Heute ist Musik! Tolle Tanz- und Bewegungslieder für Kinder.

Textor, M. R., Becker-Textor, I. (2011): Musik und Tanz in der Kita.

4 Spielesammlung zur Motorikförderung

Die Methodensammlung umfasst Spiele und Förderanregungen, die den im Kapitel 1 dargestellten Kompetenzbereichen zugeordnet sind. Enthalten sind sowohl Spiele zur Förderung der Grob- oder Körpermotorik, der Feinmotorik, die auch die Hand-, Fuß- und Mundmotorik umfasst, als auch zur Förderung der Koordination. Hier gibt es auch einen wesentlichen Schnittpunkt zur frühen Schreibförderung. Zusätzlich werden Wahrnehmungsspiele (Sensomotorik) beschrieben. Bei den meisten Spielen handelt es sich um beliebte klassische Kinderspiele. Hierbei ist es Ziel, die Förderpotenziale, die diesen Spielen innewohnen, explizit deutlich zu machen und zu systematisieren. Jedes Spiel wird kurz in seiner Durchführung beschrieben; zudem werden benötigte Zeit, Materialien sowie die mögliche Gruppengröße angegeben. Differenzierungsmöglichkeiten und Förderziele werden aufgezeigt.

4.1 Grob- und Körpermotorik – Endlich toben

Spiel 1: Mein rechter Platz ist frei

Materialien: Stuhlkreis mit einem Stuhl mehr als Kinder in der Gruppe sind

Zeit:
10 bis 20 min
Gruppengröße:
10 bis 20 Kinder
Schwierigkeit:
★ bis ★★★

Durchführung: Die Kinder sitzen im Stuhlkreis, ein Stuhl ist leer. Das Kind, das links von dem leeren Stuhl sitzt, beginnt und sagt folgenden Spruch: „Mein rechter, rechter Platz ist frei, ich wünsch' mir jemanden herbei, der…" Es werden Eigenschaften genannt, die andere Kinder der Gruppe erfüllen (z.B. „…einen roten Pullover anhat" oder „…einen Hund als Haustier hat"). Die

Kinder, auf die das zutrifft, springen auf und versuchen, auf dem leeren Stuhl Platz zu nehmen. Die Kinder, die es nicht geschafft haben, setzen sich wieder auf ihren Stuhl zurück. Das Kind, das nun links von dem leeren Platz ist, ist nun dran, aber mit einer anderen Ergänzung.

★ **Leicht:** *Die beschriebene Spielvariante ist leicht. Sie kann auch als Eisbrecher im Morgenkreis verwendet werden.*

★★ **Mittel:** *Das rufende bzw. wünschende Kind nennt ein Tier, das das andere Kind pantomimisch darstellen soll, während es den Platz einnimmt.*

★★★ **Schwierig:** *Zuvor werden einfache Musikinstrumente an die Kinder verteilt. Diese werden genannt und während des Platzwechsels dann auch von dem gerufenen Kind benutzt, was je nach Instrument die Nutzung der Mund- oder Handmotorik erfordert.*

Lernziele

Grobmotorik, Feinmotorik, Geschicklichkeit, Verbindung zu sprachlichen Kompetenzen

Spiel 2: Reise nach Jerusalem

Zeit: 10 bis 20 min
Gruppengröße: 10 bis 20 Kinder
Schwierigkeit: ★ bis ★★

Materialien: Stuhlkreis, Musik (z. B. das Lied „Reise nach Jerusalem“, Kinderlieder zum Mitsingen und Bewegen 27.09.2019), viel Platz

Durchführung: Die pädagogische Fachkraft stellt mit den Kindern Stühle in einem Kreis auf. Die Sitzfläche der Stühle zeigt nach außen. Wichtig ist, dass ein Stuhl weniger im Kreis steht, als Kinder teilnehmen. Dann stellen sich die Kinder vor den Stühlen auf. Sobald die pädagogische Fachkraft die Musik ertönen lässt, laufen alle im Kreis um die Stühle. Wenn sie die Musik stoppt, muss jeder einen Stuhl ergattern und sich darauf setzen. Das Kind, das keinen Sitzplatz gefunden hat, scheidet aus. In der zweiten Runde stellt die pädagogische Fachkraft einen weiteren Stuhl zur Seite. Dann startet sie die Musik wieder und alle Kinder laufen um die Stühle. Es werden so viele Runden gespielt, bis nur noch ein Stuhl und zwei Kinder übrig sind. SiegerIn ist, wer den letzten Stuhl ergattert.

★ **Leicht:** *Die beschriebene Spielvariante ist temporeich, aber leicht. Sie kann auch als Eisbrecher im Morgenkreis verwendet werden.*

★★ **Mittel:** *Statt nur um die Stühle zu laufen, hüpfen die Kinder unter Einsatz ihrer Arme um die Stühle.*

Weitere Variationen: *Eine kooperative Spielvariante ist „Die Reise nach Jericho". Anders als bei „Der Reise nach Jerusalem" müssen alle Kinder versuchen, sich gemeinsam auf die restlichen Stühle zu stellen. Hierbei ist die Kooperation aller Kinder notwendig, denn das Ziel besteht darin, nach Möglichkeit alle Kinder auf nur einem einzigen Stuhl zu versammeln.*

Grobmotorik, Verbindung zu Konzentration und Kooperation

Lernziele

Spiel 3: Obstsalat

Materialien: viele Zettel mit verschiedenen Obstsorten und Obstsalat-Zutaten, großer Zettel mit diesen Obstsorten, Stuhlkreis mit einem Stuhl weniger, als Kinder teilnehmen

Zeit:
5 bis 10 min
Gruppengröße:
10 bis 20 Kinder
Schwierigkeit:
★

Durchführung: Die pädagogische Fachkraft zeichnet vorab gemeinsam mit den Kindern so viele verschiedene Obstsorten auf Zettel, wie die Gruppe Kinder hat. Alle Zutaten sind auch zusätzlich auf einem großen Blatt abgebildet. Während des Spiels sitzen alle Kinder im Stuhlkreis, ein Kind steht in der Mitte. Die pädagogische Fachkraft gibt den Korb mit den zusammengefalteten Zetteln herum, auf dem jeweils eine Obstsorte abgebildet ist. Jedes Kind zieht einen Zettel, das Kind in der Mitte bekommt den großen Zettel. Seine Aufgabe ist es, zwei Zutaten zu nennen. Die Kinder mit diesen Zutaten müssen nun blitzschnell die Plätze tauschen. Das Kind in der Mitte versucht, gleichzeitig einen der Plätze zu ergattern. Das Kind, das ohne Stuhl bleibt, muss jetzt in die Mitte und darf die nächsten beiden Obstsorten für den Salat benennen.

Leicht: *Die beschriebene Spielvariante ist temporeich, aber leicht. Sie kann als Alternative zur „Reise nach Jerusalem" als Eisbrecher im Morgenkreis verwendet werden.* ★

Weitere Variationen: *Um zu verhindern, dass absichtlich kein Platz gefunden wird, weil es so viel Spaß macht, den Obstsalat zuzubereiten, kann die folgende Regel eingeführt werden: Wer dreimal in der Mitte war, scheidet als faules Obst aus. Natürlich gibt es dann auch einen Stuhl weniger.*

Grobmotorik, Koordination, Verbindung zu Konzentrations-, Kooperations- und Kommunikationsfähigkeit

Lernziele

Spiel 4: Tierischer Bewegungsspaß

Zeit:
15 min
Gruppengröße:
3 bis 6 Kinder
Schwierigkeit:
★ bis ★★

Materialien: eine von den Kindern dekorierte Glasflasche, Tierkarten oder kleine Tierfiguren in einem undurchsichtigen Säckchen

Durchführung: Bei dem Spiel „Tierischer Bewegungsspaß" ist ein Kind der Zauberer, der die anderen mit seinem Zauberstab verwandelt: „Simsalabim, ihr seid jetzt alle Tiger." Oder Flamingos, Hasen, Elefanten – ganz nach Laune. Die anderen laufen, hoppeln, stampfen oder stelzen wie diese Tiere. Dann darf das nächste Kind Zauberer sein.

Tipp

Damit die pädagogische Fachkraft beim Spiel nicht bestimmt, wer zaubern darf, entscheidet die Zauberflasche. Dazu wird eine leere Glasflasche, die zuvor von den Kindern z. B. mit Glitzersteinen verziert wurde, im Kreis gedreht. Das Kind, auf das die Zauberflasche dann zeigt, darf bestimmen, wer als Nächstes an der Reihe ist. Musik und Lieder laden zum Mitmachen ein.

Bekannte Bewegungslieder, die zu diesem Spiel passen, sind z. B. „Ich bin ein kleiner Tanzbär und komme aus dem Wald", „Ich heiße August Fridolin und bin ein kleiner Pinguin" und „Häschen in der Grube saß da und schlief".

★ **Leicht:** *Das Kind mit dem Zauberstab zieht vorher eine Tierkarte oder ein Tiermodell aus einem Säckchen, welches dann alle Kinder nachmachen.*

★★ **Mittel:** *Die Kinder denken sich selbst Tiere und die Bewegungen dazu aus.*

Lernziele

grob- und feinmotorische Bewegungsformen

Spiel 5: Fang-Frage

Zeit:
10 min
Gruppengröße:
3 bis 6 Kinder
Schwierigkeit:
★ bis ★★★

Materialien: ein Ball

Durchführung: Die pädagogische Fachkraft steht in der Mitte und wirft den Kindern nacheinander den Ball zu, diese werfen ihn zurück. In der nächsten Runde stellt die pädagogische Fachkraft dem Kind eine Frage (z. B. „Was hast du am Wochenende gemacht?") und wirft dann den Ball. Das Kind antwortet auf die Frage und wirft den Ball zurück.

★ **Leicht:** *Die pädagogische Fachkraft lässt den Ball einmal prellen, bevor er vom Kind gefangen wird. Das Kind prellt den Ball ebenfalls einmal auf und gibt ihn an die Fachkraft zurück. So geht es nun reihum. Es werden noch keine Fragen gestellt.*

Mittel: *Die beschriebene Durchführungsvariante ist mittelschwer. Die pädagogische Fachkraft kann auch die Fragen variieren (z.B. „Was isst du am liebsten?" oder „Welches ist dein Lieblingstier?").* ★★

Schwer: *Die Kinder werfen sich gegenseitig den Ball zu, ohne dass der Ball den Boden berührt. Jedes Kind denkt sich selbst eine andere Frage aus.* ★★★

Weitere Variationen: *Der Ball wird mit einer Hand oder beidhändig geworfen. Es können Bälle unterschiedlicher Größe und mit unterschiedlichem Gewicht genutzt werden, so dass die Kinder die aufgewendete Kraft beim Prellen, Werfen und Fangen an die Balleigenschaften anpassen müssen. Die Kinder können sich auch werfend und fangend für weitere Aktivitäten im Tagesverlauf verabreden: „Spielen wir nachher zusammen mit den Bausteinen?", „Malen wir zusammen etwas aus?", „Sitzen wir beim Mittag nebeneinander?"*

Lernziele

Grobmotorik der oberen Extremität, Krafteinsatz und -dosierung, Sprachverständnis und -produktion

Spiel 6: Der Plumpsack geht um

Zeit: 10 bis 15 min
Gruppengröße: beliebig
Schwierigkeit: ★

Materialien: Sandsäckchen oder geknotetes rotes Tuch

Durchführung: Alle Kinder stehen im Kreis bis auf eines. Dieses steht außerhalb des Kreises und hält das Sandsäckchen oder das geknotete Tuch in der Hand. Nun umrundet das Kind zu dem bekannten Lied „Der Plumpsack geht um" den Kreis und lässt das Sandsäckchen hinter einem Kind fallen. Bemerkt dies das Kind, hinter dem das Sandsäckchen abgelegt wurde, läuft es hinter dem anderen Kind her, um es abzuschlagen, bevor es seinen Platz im Kreis einnimmt (Labbé Verlag o.J.).

Leicht: *Das hier beschriebene Spiel ist als leicht einzustufen.* ★

Lernziele

Grobmotorik, Geschicklichkeit

Spiel 7: Hase und Igel

Zeit: 5 bis 10 min
Gruppengröße: beliebig
Schwierigkeit: ★ bis ★★

Materialien: evtl. drei Seile zur Markierung der Spielfeld-Grenzen

Durchführung: Die Grundidee dieses einfachen Laufspiels basiert auf dem gleichnamigen Märchen der Gebrüder Grimm. An den beiden Enden des Spielfeldes steht jeweils eine pädagogische Fachkraft oder jeweils ein Kind (Igel).

Die anderen Kinder (Hasen) stehen in der Mitte. Einer der Igel hockt sich nieder, der andere steht. Die Hasen können nur den einen Igel sehen und versuchen, ihn zu erreichen. Der Hase, der dies als Erstes schafft, hat gewonnen. Der Igel hockt sich dann nieder, der andere steht auf. Die (übrigen) Hasen müssen nun versuchen, diesen zu erreichen. Der Hase, der den Igel als Erster erreicht hat, gewinnt. Die Igel wechseln sich ab. Damit die Hasen nicht einfach bei den beiden Igeln stehenbleiben und so das Spiel sabotieren, stehen die Igel nur dann auf, wenn alle Spieler über der (gedachten) Mittellinie des Spielfeldes sind.

★ **Leicht:** *Die beschriebene Spielvariante ist leicht.*
★★ **Mittel:** *Der Weg der Hasen führt über einen Bewegungsparcours*

Lernziele: Grobmotorik, Koordination

Spiel 8: Sandsäckchen-Boccia

Zeit: 10 min
Gruppengröße: 3 bis 10 Kinder
Schwierigkeit: ★ bis ★★★

Materialien: ein bis zwei farbige Sandsäckchen ähnlicher (oder für die schwierige Variante unterschiedlicher) Größe für jedes Kind, ein Sandsäckchen mit möglichst neutraler Farbe, Klebeband oder – im Außengelände – Kreide zur Markierung der Wurflinie

Durchführung: Jedes Kind darf sich zu Beginn des Spiels ein oder zwei Sandsäckchen gleicher Farbe aussuchen (je nach Gruppengröße und Geduld der Kinder). Das Säckchen mit der möglichst neutralen Farbe wird von der pädagogischen Fachkraft oder einem Kind durch einen Wurf im Raum (nicht weiter als zwei Meter entfernt) platziert. Die Kinder versuchen nun, nacheinander von einer festgelegten Linie ihre Säckchen so nah wie möglich an das „neutrale" Säckchen, am besten obendrauf, zu werfen.

★ **Leicht:** *Die beschriebene Spielvariante ist als leicht einzustufen.*
★★ **Mittel:** *Das beschriebene Spiel wird in zwei Mannschaften gegeneinander gespielt. Beide bekommen hierfür Säckchen in jeweils einer Farbe (z.B. eine Gruppe nur blaue und eine Gruppe nur rote Säckchen). Die Mannschaften werfen immer im Wechsel. Die Mannschaft, deren Säckchen am Ende am nächsten an dem „neutralen" Säckchen liegen, hat gewonnen.*
★★★ **Schwer:** *Es wird die leichte oder mittlere Version gespielt, aber die pädagogische Fachkraft bzw. das Kind wirft entweder das Säckchen deutlich weiter (drei bis fünf Meter) weg oder es wird mit Säckchen unterschiedlicher Größe und mit unterschiedlichem Gewicht geworfen.*

Weitere Variationen: *Die Säckchen können über den Boden gerutscht statt geworfen werden. Es werden unterschiedlich große Säckchen verwendet. In der Mannschaftsvariante können die Kinder auch versuchen mit ihren Sandsäckchen die Sandsäckchen der gegnerischen Mannschaft, die sehr nah am neutralen Sandsäckchen liegen, wegzuschubsen.*

Lernziele

Grobmotorik der oberen Extremität, Krafteinsatz und -dosierung, Auge-Hand-Koordination

Spiel 9: Verrücktes Wetter

Zeit: beliebig
Gruppengröße: 1 bis 15 Kinder
Schwierigkeit: ★ bis ★★★

Materialien: Musikanlage

Durchführung: Die Kinder laufen zur Musik durch den Raum. Sobald die Musik stoppt, nennt die pädagogische Fachkraft oder ein Kind einen Begriff. Zu Beginn des Spiels werden bestimmten Begriffen Handlungen bzw. Aufgaben zugeordnet. Die pädagogische Fachkraft gibt diese vor oder lässt die Kinder entscheiden (z. B.: Sturm = an einem Gegenstand im Raum festhalten, um nicht wegzuwehen; Sonne = Bewegungen durchführen, als würde man seinen Körper eincremen oder wie ein Schmetterling durch den Raum fliegen; Regen = sich unter etwas stellen/legen, um nicht nass zu werden oder durch Klopfen mit den Fingern das Geräusch von Regentropfen nachahmen). Nennt die pädagogische Fachkraft oder das Kind dann einen dieser Begriffe, müssen die Kinder so schnell wie möglich die Handlung/Aufgabe ausführen. Sobald die Musik wieder zu hören ist, dürfen sich alle wieder im Raum frei bewegen.

Tipp

Je nach Alter sollten „Unterschlüpfe“ oder Bewegungsideen zu Beginn des Spiels gemeinsam gesucht und ausprobiert werden.

★ **Leicht:** *Es werden nur drei Begriffe gewählt. Die Kinder gehen durch den Raum.*

★★ **Mittel:** *Die Kinder sollen durch den Raum hüpfen oder in ganz großen Schritten gehen o. Ä., statt normal zu laufen.*

★★★ **Schwer:** *Die Begriffe werden nach einiger Zeit vertauscht, d. h., wenn Regen genannt wird, müssen die Kinder sich nicht mehr unter etwas stellen oder legen, sondern z. B. so tun, als würden sie sich eincremen.*

Weitere Variationen: *Es wird nicht ein Begriff genannt, sondern ein farbiges Tuch hochgehalten, das für eine Handlung steht. Die Kinder müssen sich jedes Mal andere Stellen suchen, an denen sie sich festhalten, eincremen oder unterstellen.*

Lernziele

Grob- und Feinmotorik, Koordination, Verbindung zu Konzentrationsfähigkeit und Fantasiespiel

Spiel 10: Zauberkleber

Zeit: beliebig
Gruppengröße: 1 bis 15
Schwierigkeit: ★ bis ★★★

Materialien: Musikanlage

Durchführung: Alle Kinder laufen zur Musik durch den Raum. Sobald die Musik stoppt, müssen die Kinder in ihrer Bewegung innehalten. Die pädagogische Fachkraft oder ein Kind nennt ein Körperteil (z.B. Arm), das sofort am Boden „festkleben" soll, d.h., die Kinder müssen dieses fest auf den Boden pressen. Sobald die Musik wieder zu hören ist, dürfen sich alle wieder frei im Raum bewegen.

★ **Leicht:** *Die beschriebene Spielvariante ist als leicht einzustufen.*

★★ **Mittel:** *Es werden statt einem zwei Körperteile genannt, die miteinander verkleben sollen (z.B. Arm mit Bauch). Oder: Zwei Kinder müssen z.B. ihre Arme aneinander festkleben.*

★★★ **Schwer:** *Es werden die leichte oder mittlere Variante gespielt und außerdem von der pädagogischen Fachkraft oder dem Kind immer noch gesagt, ob z.B. der linke oder der rechte Arm festkleben soll (bei zwei Körperteilen kann so auch das Überkreuzen der Körpermitte gezielt geübt werden).*

Weitere Variationen: *Die Körperteile können statt am Boden auch an der Wand festkleben. Der „Kleber" wird überprüft, d.h., es wird fest am jeweiligen Körperteil gezogen (dadurch muss das Kind bewusst das einzelne Körperteil wahrnehmen und die Kraft gezielt einsetzen).*

Lernziele

Bewegung im Raum, Grobmotorik, Koordination, Verbindung mathematischer Fertigkeiten und sprachlicher Kompetenzen

Spiel 11: Schneeballschlacht

Zeit: 10 min
Gruppengröße: 1 bis 10 Kinder
Schwierigkeit: ★ bis ★★★

Materialien: zwei Wäschekörbe, viele Zeitungspapierkugeln, Klebeband oder – im Außengelände – Kreide zur Spielfeldmarkierung, Stoppuhr, Klingel

Durchführung: Zur Vorbereitung werden möglichst viele feste Schneebälle aus Zeitungspapier geformt und zu gleichen Teilen in die beiden Wäschekörbe gelegt. Es werden zwei Teams gebildet. Eine Linie aus Krepp- oder Klebeband

(Innenraum) oder Kreide (Außengelände) auf dem Boden markiert die Spielfelder der Teams. Jedes Team hat einen Wäschekorb mit den Zeitungsschneebällen in der Feldmitte stehen. Die pädagogische Fachkraft läutet die Klingel und nun werden für 30 Sekunden möglichst viele Schneebälle in das Feld der gegenüberstehenden Mannschaft geworfen. Pro Kind darf immer nur ein Schneeball geworfen werden. Die Schneebälle der Gegner können auch abgefangen oder aufgesammelt und wieder auf das andere Spielfeld zurück geworfen werden. Die pädagogische Fachkraft läutet erneut mit der Klingel. Nun versuchen die Kinder für 30 Sekunden, die Schneebälle, die in ihrem Feld liegen, schnellstmöglich in den eigenen Wäschekorb zu legen. Die Mannschaft, auf deren Spielfeld am Ende die wenigsten Schneebälle liegen, hat gewonnen.

Leicht: *Die beschriebene Spielvariante ist als leicht einzustufen.* ★
Mittel: *Die Schneeballschlacht wird durchgeführt. Nach 30 Sekunden (angezeigt durch ein Geräusch, wie z.B. eine Klingel) müssen alle Kinder dort stehenbleiben, wo sie sind. Von dort dürfen sie innerhalb der nächsten 30 Sekunden versuchen, von den umliegenden „Schneebällen“ so viele wie möglich entweder direkt in den Wäschekorb zu werfen oder indirekt über ein anderes Kind, das diesen dann fängt und von seiner Position aus in den Korb wirft.* ★★
Schwer: *Wie die mittlere Variante nur auf einem größeren Feld und/oder mit weniger Schneebällen. Die Kinder müssen sich dann in einem größeren Radius um ihre eigene Achse bewegen, um Schneebälle zu erreichen. Hierfür dürfen sie auch ihre Arme zum Abstützen und „Laufen“ verwenden. Die Füße müssen dort bleiben, wo sie sind.* ★★★

Grob- und Feinmotorik, Koordination, Verbindung zu Kooperationsfähigkeit

Lernziele

Spiel 12: Farbenjagd

Zeit: 15 min
Gruppengröße: 3 bis 10 Kinder
Schwierigkeit: ★ bis ★★★

Materialien: Es werden keine Materialien benötigt.

Durchführung: Die Kinder bewegen sich im Raum. Die pädagogische Fachkraft oder ein vorher festgelegtes Kind ruft: „Ich sehe was, das du nicht hast und das ist gelb.“ Nun laufen alle Kinder zu einem Gegenstand im Raum, der gelb ist, und berühren ihn.

Leicht: *Die beschriebene Spielvariante ist als leicht einzustufen.* ★
Mittel: *Der/die SpielleiterIn benennt nicht nur eine Farbe, sondern auch ein anderes Merkmal: „Ich sehe was, das du nicht hast, und das ist grün und eckig.“* ★★

★★★ **Schwer:** *Die Kinder laufen zu dem farblich passenden Gegenstand, der davor genannt wurde.*

Weitere Variationen: *Der/die SpielleiterIn benennt zudem, wie sich die Kinder bewegen sollen. Statt zu laufen, kann das z.B. sein: hüpfend wie ein Frosch, schreitend wie ein Storch, galoppierend wie ein Pferd, schleichend wie ein Ninja. Auch die Manipulation des Gegenstandes kann variiert werden (z.B. mit der ganzen Hand streicheln, mit einem Finger antippen, mit dem Ellenbogen berühren).*

Lernziele

Grob- und Feinmotorik, Koordination, Verbindung zu mathematischen und sprachlichen Kompetenzen, Gedächtnis und Konzentration

Spiel 13: Hip & Hep

Zeit: 5 min
Gruppengröße: beliebig
Schwierigkeit: ★ bis ★★★

Materialien: mindestens ein Ball

Durchführung: Alle Kinder stehen oder sitzen im Kreis, ein Ball wird rechtsherum gegeben. Gibt die pädagogische Fachkraft das Kommando „Hip“, erfolgt ein Richtungswechsel. Der Ball wird nun linksherum weitergegeben. Ertönt das Signal „Hep“, wird der Ball wieder rechtsherum weitergegeben.

★ **Leicht:** *Es wird nur ein Ball benutzt, und der Abstand der akustischen Signale ist sehr regelmäßig.*

★★ **Mittel:** *Das Tempo wird erhöht, und das akustische Signal für „Hip“ und „Hep“ wird nun in unregelmäßigem Abstand gegeben.*

★★★ **Schwer:** *Es werden mehrere Bälle genutzt, und dasselbe Signalwort kann auch mehrmals hintereinander ertönen.*

Weitere Variationen: *Es können in Größe, Form und Haptik unterschiedliche Bälle benutzt werden. Jedes Kind darf mal SpielführerIn sein und das Signalwort sagen. Statt die Hände zu benutzen, können die Bälle auch mit den Füßen rechts und links herum gegeben werden.*

Lernziele

Grobmotorik, Hand- und Fußmotorik, Koordination

Spiel 14: Kettenfangen

Materialien: Es werden keine Materialien benötigt.

Durchführung: Ein Kind wird zum Fänger bestimmt. Alle anderen Kinder verteilen sich im Bewegungsraum. Der Fänger versucht nun, ein anderes Kind zu berühren, das dann an seiner Stelle in die Rolle des Fängers schlüpft.

Zeit:
10 min
Gruppengröße:
4 bis 20 Kinder
Schwierigkeit:
★ bis ★★★

Leicht: *Die beschriebene Spielvariante ist als leicht einzustufen.* ★
Mittel: *Aus einem Fänger werden mehrere, fassen sich jeweils an den Händen und versuchen, als zunehmend länger werdende Kette die noch freien, im Bewegungsraum laufenden Kinder einzufangen. Jedes, von einem Kind der Fängerkette berührte Kind reiht sich in die Fängerkette ein.* ★★
Schwer: *Die Kinder müssen die Kette an der Stelle bilden, an der der Fänger sie berührt hat. Berührt z.B. der Fänger ein anderes Kind an der Schulter, wird die Kette an dieser Stelle mit der Hand der Schulter des Kindes gebildet.* ★★★
Weitere Variationen: *Die Kinder fassen sich nicht an den Händen, sondern haken sich an den Ellenbogen unter. Immer wenn eine gerade Anzahl an Fängern entsteht, teilt sich die Kette in Fänger-Pärchen auf.*

Grobmotorik, Koordination

Lernziele

Spiel 15: Hindernisrennen

Materialien: Es werden keine Materialien benötigt.

Durchführung: Die pädagogische Fachkraft liest eine Bewegungsgeschichte vor (Downloadbereich: Hindernisrennen). Die Kinder stehen im Kreis und ahmen das Erzählte mit Geräuschen, Mimik und Gestik nach.

Zeit:
10 min
Gruppengröße:
4 bis 20 Kinder
Schwierigkeit:
★ bis ★★★

Leicht: *Die Geschichte kann im Sitzen mitgemacht werden.* ★
Mittel: *Die Kinder bewegen sich im Raum dazu zügig gehend.* ★★
Schwer: *Das Spiel wird mit echten kleinen Hindernissen im Bewegungsraum, der Turnhalle oder auf dem Außengelände gespielt.* ★★★

Grob- und Feinmotorik, Gesichtsmotorik, Verbindung zum Sprachverständnis

Lernziele

Spiel 16: Es war einmal …

Zeit: 15 min
Gruppengröße: 4 bis 20 Kinder
Schwierigkeit: ★ bis ★★

Materialien: ein Schuhkarton, unterschiedliche Gegenstände (z.B. ein kleiner Ball, eine Feder, ein Buntstift, ein Tuch)

Durchführung: Alle Kinder bilden einen Kreis. In der Kreismitte steht ein Schuhkarton, der mit unterschiedlichen Gegenständen gefüllt ist. Ein Kind darf in die Kreismitte treten und wählt einen Gegenstand (z.B. den kleinen Ball) aus. Die pädagogische Fachkraft erzählt langsam und deutlich die Bewegungsrahmengeschichte: „Es war einmal ein wunderschöner …(das Kind wählt z.B. den Ball aus) … Ball." (Downloadbereich: Es war einmal …). Das Kind in der Kreismitte führt die beschriebenen Bewegungen mit dem Gegenstand aus, die pädagogische Fachkraft und die anderen Kinder, die im Kreis stehen, ahmen die Bewegungen des Kindes in der Kreismitte möglichst genau nach.

★ **Leicht:** *Das Kind in der Kreismitte kann alle beschriebenen Tätigkeiten mit einfachen Bewegungen ausführen (z.B. die Arme mit dem Ball hochrecken, den Ball mit beiden Händen auf dem Kopf, auf dem Bauch festhalten).*

★★ **Mittel:** *Die einfachen Bewegungen können je nach motorischem Entwicklungsstand des Kindes wie im Beispiel verfeinert werden (z.B. beim Hochrecken des Balles auf die Zehenspitzen stellen, Versuch des Balancierens des Balles auf dem Kopf bzw. auf dem Bauch mit den Händen in Reichweite).*

Weitere Variationen: *Die Gegenstände im Schuhkarton können unterschiedlich zusammengestellt sein. Dabei sollten die Kinder auch die Möglichkeit haben, Gegenstände auszuwählen, die in den Karton sollen. Die nachzuahmenden Bewegungen variieren in Abhängigkeit von den motorischen Kompetenzen des Kindes in der Kreismitte.*

Lernziele: Grob- und Feinmotorik, Verbindung zu Sprachverständnis, Imitationsfähigkeit

Spiel 17: Eiszeit

Zeit: 10 min
Gruppengröße: 4 bis 20 Kinder
Schwierigkeit: ★ bis ★★★

Materialien: Musik

Durchführung: Die Musik läuft, die pädagogische Fachkraft steht in Reichweite der Musikanlage, alle Kinder bewegen sich frei im Raum. Wenn die pädagogische Fachkraft die Musik stoppt, verharren alle Kinder in der Position, in der sie gerade sind. Schaltet die pädagogische Fachkraft die Musik wieder ein, bewegen sich alle Kinder wieder weiter.

Dabei werden verschiedene Bewegungsaufgaben gestellt:
- wie Wackelpudding durchschütteln,
- nur kleine Schritte machen,
- nur große Schritte machen,
- schleichen wie ein Ninja,
- ganz laut stampfend gehen wie ein Riese / trampeln wie ein Elefant,
- auf Zehenspitzen gehen,
- auf den Fersen gehen,
- auf den Fußaußenkanten gehen.

Leicht: *Klein wie ein Zwerg gehen, schleichen wie ein Ninja, alle Kinder gehen im Kreis in eine Richtung.* ★
Mittel: *Zehenspitzengang, Storchengang, Rückwärtsgehen* ★★
Schwer: *Alle Kinder bewegen sich durcheinander im Raum.* ★★★
Weitere Variationen: *Anderes Stoppsignal (z.B. Pfiff, Klatschen), unterschiedlicher zeitlicher Abstand zwischen den Stopp- und Startsignalen. Jedes Kind darf auch mal das Stoppsignal geben. Die Durchführung geht auch barfuß und auf unterschiedlichen Untergründen.*

Grobmotorik, Koordination

Lernziele

Spiel 18: Ball-Tandem

Materialien: ein Ball pro Pärchen

Zeit: 10 min
Gruppengröße: 2 bis 10 Kinder
Schwierigkeit: ★ bis ★★★

Durchführung: Zwei etwa gleichgroße Kinder klemmen sich einen größeren Ball zwischen die Bäuche und gehen seitlich durch den Raum, ohne den Ball zu verlieren.

Leicht: *Die Pärchen klemmen einen Ball zwischen den Rücken des vorderen und den Bauch des hinteren Kindes und gehen so hintereinander durch den Raum.* ★
Mittel: *Die Pärchen laufen vorwärts / rückwärts im Raum.* ★★
Schwer: *Alle Kinder gehen mit eingeklemmtem Bällen hintereinander, so dass die Kinder eine Kette bilden und jedes Kind vorne und hinten einen Ball hat (abgesehen vom ersten und letzten Kind in der Kette).* ★★★
Weitere Variationen: *Die Kinder machen mit dem Ball zwischen den Bäuchen eine Kniebeuge. Die Kinder können in der schweren Variante auch im geschlossenen Kreis gehen. Die Pärchen können auch versuchen, mit dem Ball zwischen sich zu tanzen.*

Lernziele

Grobmotorik, Koordination

Spiel 19: Ballkette

Zeit: 15 min
Gruppengröße: 6 bis 20 Kinder
Schwierigkeit: ★ bis ★★★

Materialien: mindestens zwei Bälle

Durchführung: Alle Kinder stellen sich in einer Reihe hintereinander auf. Das vorderste Kind bekommt einen Ball und gibt diesen über den Kopf an den Hintermann weiter. Der Ball wird bis zum letzten Kind weitergegeben. Ist der Ball dort angekommen, läuft das letzte Kind an den anderen Kindern vorbei nach vorne und gibt den Ball wieder nach hinten weiter.

★ **Leicht:** *Der Ball wird in beliebiger Art und Weise weitergegeben.*
★★ **Mittel:** *Jedes Kind bekommt eine spezielle Aufgabe, wie es den Ball weiterzugeben hat (z.B. immer über den Kopf, immer durch die eigenen Beine nach hinten, immer linksherum, immer rechtsherum).*
★★★ **Schwer:** *Es werden mehrere Bälle ins Spiel gebracht und weitergegeben.*
Weitere Variationen: *Die Kinder bilden zwei Gruppen und versuchen, ein bestimmtes Ziel (Ziellinie) zuerst zu erreichen.*

Lernziele

Grobmotorik, Geschicklichkeit, Koordination

Spiel 20: Robotertanz

Zeit: 15 min
Gruppengröße: 3 bis 20 Kinder
Schwierigkeit: ★ bis ★★

Materialien: Es werden keine Materialien benötigt.

Durchführung: Die pädagogische Fachkraft fragt die Kinder: „Wer kann hüpfen wie ein Hase?“ Danach wird diese Aufgabe mit anderen Bewegungsformen ausprobiert (z.B. Gehen wie ein Storch, Schleichen wie ein Ninja, Krabbeln wie ein Krebs, Tanzen wie ein Roboter).

★ **Leicht:** *Die beschriebene Spielvariante ist als leicht einzustufen.*
★★ **Mittel:** *Die Kinder denken sich Bewegungen aus und die anderen Kinder erraten, um was es sich handelt. Dann machen alle Kinder die Bewegung nach.*

Lernziele

Grobmotorik

Spiel 21: Apfelkuchen

Materialien: pro Kind eine Karte mit Lebensmittelsymbolen, Krepp-Klebeband oder Wäscheklammern, große Matte

Zeit: 15 min
Gruppengröße: 6 bis 20 Kinder
Schwierigkeit: ★ bis ★★★

Durchführung: Die große Matte symbolisiert einen Teller. Die Kinder werden in „Lebensmittel" und „Köche" aufgeteilt. Die Lebensmittel werden mit den vorbereiteten Karten gekennzeichnet. Die Köche sind die Fänger und fangen nun die Lebensmittel. Haben sie ein Lebensmittel gefangen, muss dieses auf dem Teller, also der Matte, auf einen passenden Lebensmittelpartner warten. Erst wenn dieser gefunden wurde und sich so sinnvolle Paare bilden (z.B. Apfel und Kuchen, Schokolade und Pudding, Gemüse und Suppe, Himbeere und Quark) sind sie wieder frei.

Tipp

Vor Beginn des Spiels sollten mit den Kindern mögliche Paarungen besprochen werden.

★ **Leicht:** *Das Spiel wird mit nur einem Koch als Fänger gespielt.*

★★ **Mittel:** *Die Lebensmittelpaare müssen nun Hand in Hand weiterlaufen. Werden sie erneut gefangen, müssen sie auf dem Teller auf einen neuen passenden Partner warten.*

★★★ **Schwer:** *Auf dem Teller bilden Lebensmittel aus der gleichen Lebensmittelgruppe ein Paar, z.B. Gemüse- oder Obstsorten.*

Weitere Variationen: *Die pädagogische Fachkraft sagt an, welche Lebensmittelarten von den Köchen nun gefangen werden sollen (z.B. „Jetzt fangt ihr so viel Gemüse, wie ihr kriegen könnt."). Die Köche fangen alle Lebensmittel, die zum Frühstück benötigt werden.*

Lernziele

Grobmotorik, Verbindung zum Kompetenzbereich Sprache

Spiel 22: Klammernjagd

Materialien: Wäscheklammern, kleine Säckchen für jedes Kind

Zeit: 10 min
Gruppengröße: 3 bis 20 Kinder
Schwierigkeit: ★ bis ★★★

Durchführung: Jedes Kind bekommt mehrere Wäscheklammern auf den Rücken geheftet und ein kleines Säckchen in die Hand. Nun versuchen die Kinder, sich gegenseitig so viele Wäscheklammern wie möglich abzujagen, die sie dann in ihr Säckchen legen. Wer die meisten Wäscheklammern in seinem Säckchen hat, gewinnt.

★ **Leicht:** *Die Klammern werden nicht nur an den Rücken geheftet, sondern auch an die Arme.*

★★ **Mittel:** *Es sollen nur bestimmte Farben an Wäscheklammern erbeutet werden.*

★★★ **Schwer:** *Die Kinder legen die Klammern nicht in das Säckchen, sondern heften sie sich wieder an den Rücken. Hierdurch werden schwierige grobmotorische (laufen, Oberkörper drehen, Arme hinter den Körper führen) mit schwierigen feinmotorischen Bewegungen (Klammer an den Rücken klemmen) kombiniert.*

Weitere Variationen: *Das Spiel kann auch ohne einen Gewinner zu ermitteln gespielt werden. Es können auch Mannschaften gebildet werden, die dann gegeneinander spielen.*

Lernziele: Grob- und Feinmotorik, Koordination

Spiel 23: Bewegungsparcours

Zeit: 25 bis 30 min
Gruppengröße: 1 bis 10 Kinder
Schwierigkeit: ★ bis ★★★

Materialien: Turnbank, Pylonen, Matte, Kastenteile und Hocker, ggf. Stoppuhr

Durchführung: In einem Bewegungsraum oder einer Turnhalle werden verschieden Stationen zu einem Geschicklichkeitsparcours aufgebaut, die dann nacheinander absolviert werden sollen. Mögliche Stationen sind:

- Turnbank zum Balancieren,
- Kastenteil zum Durchkriechen und/oder Darüberklettern,
- Pylonen (alternativ Medizinbälle) für einen Slalomlauf,
- Matte für eine Rolle vorwärts,
- mehrere Hocker mit etwas Abstand hintereinander zum Darüberklettern.

★ **Leicht:** *Die Parcourselemente werden einzeln geübt.*

★★ **Mittel:** *Die beschriebene Spielvariante ist als mittel einzustufen.*

★★★ **Schwer:** *Die Kinder durchlaufen den Parcours, jedoch rückwärts: rückwärts balancieren, Rolle rückwärts usw. oder mit geschlossenen Augen – dabei hilft natürlich eine pädagogische Fachkraft.*

Weitere Variationen: *Der Parcours kann auch so schnell wie möglich absolviert werden. Dazu stoppt die pädagogische Fachkraft die Zeit.*

Lernziele: Grobmotorik

Spiel 24: Gemüsejagd

Materialien: Es werden keine Materialien benötigt.

Zeit: 15 min
Gruppengröße: 5 bis 10 Kinder
Schwierigkeit: ★ bis ★★

Durchführung: Ein Fänger versucht, die anderen Kinder zu fangen. Fängt er ein anderes Kind, übernimmt dieses Kind die Rolle des Fängers. Um sich vor dem Fänger zu schützen, können die Kinder eine Gemüsesorte rufen. Dann dürfen diese Kinder nicht mehr gefangen werden, aber sie dürfen sich auch nicht mehr bewegen. Sie müssen sich breitbeinig hinstellen. Damit sie sich wieder bewegen und gefangen werden können, müssen andere Kinder durch ihre Beine krabbeln.

Leicht: *Das Spiel kann auch mit anderen Lebensmittelarten gespielt werden (z.B. als Obstjagd, Getreidejagd oder Süßigkeitenjagd).* ★
Mittel: *Jedes Kind muss jedes Mal ein anderes Gemüse nennen.* ★★

Lernziele

Grobmotorik, Verbindung zum Kompetenzbereich Sprache

Spiel 25: Piraten auf großer Fahrt

Materialien: Verkleidungs- und ggf. Schminkutensilien, ein Boot, das aus Elementen der Bewegungsbaustelle besteht, ggf. Piratenlied (Kinderlieder zum Mitsingen und Bewegen 30.06.2017)

Zeit: 15 min
Gruppengröße: 4 bis 16 Kinder
Schwierigkeit: ★ bis ★★★

Durchführung: Die Kinder finden sich zu viert zusammen und stellen sich hintereinander auf. Jedes Kind bekommt eine Rolle zugeteilt, z.B.:

- „Kapitäne“,
- „Steuerleute“,
- „Kanonen“,
- „Rumfässer“.

Sobald in der Piratengeschichte (Downloadbereich: Piraten auf großer Fahrt) seine Rolle genannt wird, läuft das Kind einmal um seine Gruppe herum. Fällt das Wort „Piraten“, laufen alle Kinder zum Ende des Raumes und wieder zurück.

Leicht: *Die verschiedenen Rollen bekommen unterschiedliche Bewegungsaufträge, z.B. sollen die Kapitäne stolzieren, die Kanonen laufen.* ★
Mittel: *Nehmen mehr als vier Spieler teil, können die einzelnen Spieler oder Gruppen auch gegeneinander antreten: Welcher Kapitän läuft am schnellsten um die Gruppe herum?* ★★

★★★ **Schwer:** *Die Geschichte wird mit unterschiedlichem Tempo vorgelesen, so dass auch zwei Kinder einer Piratenmannschaft gleichzeitig um die Gruppe laufen müssen.*

Lernziele

Grobmotorik, Koordination, Rollenspiel

4.2 Feinmotorik – Wir sind kreativ

Spiel 26: Bilderbuchpantomime

Zeit: 10 min
Gruppengröße: 1 bis 6 Kinder
Schwierigkeit: ★★ bis ★★★

Materialien: Bilderbuch nach Wahl, ggf. Verkleidungsutensilien

Durchführung: Nachdem ein Abschnitt aus einem Bilderbuch gemeinsam angesehen und besprochen wurde, werden die Kinder aufgefordert, einen Protagonisten oder eine Szene nachzuspielen. So können sie z.B. ein Tier nachmachen, sollte ein Tier in dem Buch vorkommen. Dabei kann entweder die pädagogische Fachkraft vorgeben, was nachgestellt werden soll, oder die Kinder denken sich selbst etwas aus. Für die zuschauenden Kinder kann vorher bekannt gemacht werden, wer oder was dargestellt wird, oder sie sollen es erraten.

★★ **Mittel:** *Die beschriebene Spielvariante ist als mittel einzustufen.*
★★★ **Schwer:** *Die Kinder werden aufgefordert, etwas aus dem Bilderbuch pantomimisch, also ohne Worte, nachzuspielen. Die anderen Kinder erraten, worum es geht.*
Weitere Variationen: *Die Kinder können sich auch verkleiden, um sich besser mit ihren Rollen zu identifizieren.*

Lernziele

Grob- und Körpermotorik, Feinmotorik für Mimik und Gestik, Rollenspiel

Spiel 27: Mal-Reime

Zeit: 10 min
Gruppengröße: beliebig
Schwierigkeit: ★ bis ★★

Materialien: Papier, Stifte oder Fingermalfarben

Durchführung: Die Kinder sagen einen Reim (Downloadmaterial: Mal-Reime) auf und malen das passende Bild dazu:

„Punkt, Punkt, Komma, Strich,
fertig ist das Mondgesicht.
Gleich zwei kleine Ohren dran,
dass es nun auch hören kann.
Kleine Butter – kugelrund
wie ein Käse – so gesund!
Arme wie 'ne Acht,
ist das nicht 'ne Pracht?
Dazu Beine wie 'ne Sechs,
ei, ich glaub, das ist 'ne Hex!"

Tipp

Die Blattpositionierung ist beim Linkshänder spiegelverkehrt zum Rechtshänder.

Leicht: *Es wird nur der erste Teil des Reimes bis zum Mondgesicht aufgesagt und gemalt.* ★
Mittel: *Es wird der gesamte Reim aufgesagt und gemalt.* ★★
Weitere Variationen: *Die Hexe aus dem Mal-Reim wird bunt ausgemalt.*

Lernziele

Feinmotorik, Grafomotorik, Sprache, Konzentration, Fantasie

Spiel 28: Luftballon „waschen"

Zeit: 5 bis 10 min
Gruppengröße: 2 bis 6 Kinder
Schwierigkeit: ★★ bis ★★★

Materialien: Rasierschaum oder gut schäumendes Shampoo, Schwamm, Luftballons

Durchführung: Die Luftballons werden auf normale Größe aufgeblasen und dann mit Rasierschaum oder Shampoo „eingeschäumt". Anschließend soll der gesamte Rasierschaum wieder entfernt werden. Dazu darf aber ausschließlich der Schwamm benutzt werden. Natürlich sollte der Luftballon nicht platzen. Je nach Material und Anzahl der Kinder wird gleichzeitig oder nacheinander gespielt.

Mittel: *Die beschriebene Spielvariante ist als mittelschwer einzustufen.* ★★
Schwer: *Mit älteren Kindern kann der Luftballon auch rasiert werden. Das Hantieren mit einem Kindermesser erfordert aber die Aufsicht und Assistenz der pädagogischen Fachkräfte.* ★★★
Weitere Variationen: *Auf den Luftballon können auch aus Wollresten Haare aufgeklebt werden, die dann anschließend mit einem grobzinkigen Kamm gekämmt*

werden. Der Luftballon darf weder platzen, noch sollten ihm zu viele Haare abgerissen werden.

Lernziele

Feinmotorik, Geschicklichkeit, Kraftdosierung, Verbindung zu den Bereichen Kommunikation, Konzentration, Kooperation

Spiel 29: Murmelschnipsen

Zeit:
20 bis 30 min
Gruppengröße:
1 bis 6 Kinder
Schwierigkeit:
★ bis ★★★

Materialien: Murmeln (mind. 1 pro Kind), großer Teppich / Teppichboden, Klebeband oder Kreide für den Außenbereich, evtl. Klemmbausteine

Durchführung: Auf dem Boden wird mittels des Klebebands oder der Kreide eine Start- und Ziellinie markiert. Nacheinander oder nebeneinander dürfen die Kinder ihre Murmel mithilfe des Zeigefingers und des Daumens von der Startlinie in die Ziellinie schnipsen.

★ **Leicht:** *Die hier beschriebene Spielvariante ist als leicht einzuordnen.*
★★ **Mittel:** *Bevor mit dem Murmelschnipsen begonnen wird, werden ein oder mehrere Tore aus Klemmbausteinen gebaut, die auf die Ziellinie gestellt werden. Die Kinder müssen in eins dieser Tore mit ihrer Murmel treffen.*
★★★ **Schwer:** *Es kann auch mit Klebeband, Bauklötzen und / oder Klemmbausteinen ein Parcours aufgebaut werden. Durch diesen müssen die Kinder ihre Murmel schnipsen, ohne über das Klebeband zu kommen und / oder ein Hindernis auszulassen.*
Weitere Variationen: *Alle Kinder spielen gegeneinander: Wer am wenigsten schnipsen musste, gewinnt. Die Ziellinie muss mit einer bestimmten Anzahl an „Schnipsern" erreicht werden. Das Spiel kann auf verschiedenen Untergründen gespielt werden.*

Lernziele

Auge-Hand-Koordination, Fingerkoordination, Kraftdosierung

Spiel 30: Wäscheklammern-Angeln

Zeit:
10 min
Gruppengröße:
2 bis 6 Kinder
Schwierigkeit:
★ bis ★★★

Materialien: viele bunte Wäscheklammern

Durchführung: Alle Kinder stehen oder sitzen im Kreis. Die bunten Wäscheklammern liegen in der Mitte auf einem Haufen. Die Kinder versuchen nun, mit den Zehen diese Klammern zu greifen und vor sich so viele wie möglich auf einen Haufen zu legen. Wer die meisten Klammern hat, gewinnt.

Leicht: *Die Kinder sitzen im Kreis und schieben die Klammern mit den Füßen. Sie müssen nicht mit den Zehen greifen.* ★

Mittel: *Die Kinder sitzen im Kreis und müssen die Klammern mit den Zehen greifen.* ★★

Schwer: *Die Kinder stehen im Kreis und müssen die Klammern mit den Zehen greifen.* ★★★

Weitere Variationen: *Die Kinder arbeiten im Sitzen oder stehend. Das Spiel kann dann auch draußen auf unterschiedlichen Untergründen gespielt werden. Diese Übung kann einzeln oder als Team durchgeführt werden. So kann z.B. jedem Pärchen oder Team eine bestimmte Farbe zusortiert werden. Es können auch Bilder oder Buchstaben aus den Wäscheklammern gelegt werden.*

Lernziele

Feinmotorik, Koordination, Gleichgewicht

Spiel 31: Zaubertrank

Zeit: 20 min
Gruppengröße: 1 bis 4 Kinder
Schwierigkeit: ★ bis ★★★

Materialien: Bildkarten mit den Arbeitsschritten zum Brauen des Zaubertranks, vier Gläser, eine Karaffe, Zutaten für vier Gläser Zaubertrank: 4 EL Waldmeister-Sirup (alternativ: Himbeersirup, Zitronensirup oder verschiedenfarbige Säfte), 800 ml Mineralwasser, 800 ml Apfelsaft, Eiswürfel nach Bedarf (Downloadmaterial: Zaubertrank)

Durchführung: Die pädagogische Fachkraft leitet die Zaubertrankstunde wie folgt ein: „Heute sind wir Zauberer und wollen einen Zaubertrank brauen. Habt ihr vielleicht eine Idee, was wir für einen Trank zubereiten könnten?“ Die Kinder machen Vorschläge, von denen die pädagogische Fachkraft einen aufgreift.

Dann fragt sie: „Was brauchen wir dazu?“ Die Kinder entwickeln wieder Ideen.

Zubereitung: Den Waldmeistersirup (alternativ: Himbeersirup, Zitronensirup oder verschiedenfarbige Säfte) in einer großen Karaffe unter das Mineralwasser mischen und gut verrühren. Die Gläser mit ein bis zwei Eiswürfeln befüllen, ca. 150 ml Apfelsaft dazu geben. Nun wird mit der Waldmeister- oder Saft-Mineralwasser-Mischung aufgefüllt.

Tipp

Die Kinder können sich auch als Zauberer verkleiden und das Mischen der Zutaten durch Zaubersprüche begleiten.

★ **Leicht:** *Jedes Kind übernimmt einen Arbeitsschritt. Die pädagogische Fachkraft bereitet den Zaubertrank gemeinsam mit den Kindern vor: „Paul, rühre doch bitte einmal in der Karaffe gut um." Oder „Möchtest du die Eiswürfel in das Glas machen, Lea?"*

★★ **Mittel:** *Die Kinder arbeiten als Pärchen mit Anleitungskarten selbstständig unter Aufsicht der pädagogischen Fachkraft.*

★★★ **Schwer:** *Jedes Kind bereitet seinen Zaubertrank selbstständig nach der Bilder-Anleitung zu.*

Lernziele

Feinmotorik, Koordination, Verbindung zu den Bereichen Sprache und mathematische Fertigkeiten

Spiel 32: Marmeladenlippenstift

Zeit: 10 min
Gruppengröße: 1 bis 10 Kinder
Schwierigkeit: ★ bis ★★

Materialien: Marmelade, bei Bedarf Wattestäbchen

Durchführung: Mit einem Wattestäbchen oder mit den Fingern tupft sich jedes Kind einen Klecks Marmelade auf die Lippen. Dann versuchen die Kinder, die Marmelade durch Lippenbewegungen zu verteilen. Anschließend kann der Lippenstift mit der Zunge abgeleckt werden.

★ **Leicht:** *Der Marmeladenlippenstift wird vor einem Spiegel aufgetragen.*

★★ **Mittel:** *Die beschriebene Spielvariante ist als mittel einzustufen.*

Weitere Variationen: *Die Kinder tragen sich gegenseitig den Marmeladenlippenstift auf.*

Lernziele

Auge-Hand-Koordination, Geschicklichkeit, Mundmotorik

Spiel 33: Blubberblasen

Zeit: 20 min
Gruppengröße: 1 bis 10 Kinder
Schwierigkeit: ★ bis ★★★

Materialien: Gläser, Wasser, Strohhalme mit unterschiedlichen Durchmessern

Durchführung: Den Strohhalm 2 cm in das Wasser stecken, das andere Ende wird locker in den Mund genommen. Nun atmen die Kinder durch die Nase ein und durch den Mund in den Strohhalm aus. Dabei machen sie Blasen im Wasserglas. Hierbei kann die pädagogische Fachkraft auch mit mentalen Bildern animieren (z.B. ein großer Wal und ein kleiner Wal, der das Wasser ausbläst, oder eine Eisenbahn, die noch ganz weit weg ist, und ein Zug, der direkt neben uns in den Bahnhof einfährt).

Leicht: *Die Kinder atmen so aus, dass die Blasen mal winzig klein sind und mal riesengroß. Gleichzeitig können die Kinder ein „U" in der passenden Lautstärke von sich geben (d. h. bei den kleinen Bläschen ein sehr leises „U" und bei sehr großen Blasen ein lautes „U").* ★

Mittel: *Der Strohhalm wird tiefer in das Glas gesteckt. Die Kinder sprechen einen Reim in den Strohhalm hinein.* ★★

Schwer: *Ein Kind summt ein Lied vor und die anderen Kinder erraten, um welches Lied es geht. Das Kind, welches es zuerst errät, summt als nächstes ein Lied zum Raten vor.* ★★★

Weitere Variationen: *Die Kinder sprechen einen Zungenbrecher mit dem Strohhalm im Wasserglas. Die Kinder singen gemeinsam ein einfaches Lied. Durchmesser und Länge der Strohhalme können variieren.*

Mundmotorik, Stimmbildung

Lernziele

Spiel 34: Korkenkirmes

Materialien: je Kind drei Korken und sechs Murmeln, Kreppband oder Kreide zum Markieren

Zeit: 5 bis 10 min
Gruppengröße: 1 bis 5 Kinder
Schwierigkeit: ★ bis ★★★

Durchführung: Die pädagogische Fachkraft kann das Spiel mit den Worten „Heute gehen wir zur Kirmes." einleiten. „Diese Kirmes findet hier bei uns im Raum statt. Kommt, jeder nimmt sich mal drei Korken und drei Murmeln." Auf dem Boden werden mit Kreide oder Kreppband zwei Linien markiert. Drei Korken werden hochkant nebeneinander auf die eine Markierungslinie gestellt. Die Kinder setzen sich hinter die andere Markierung. Nun haben die Kinder sechs Versuche, mit den Murmeln die drei Korken zu treffen. Die Murmeln sollen mit Zeige- und Mittelfinger vom Daumen weggeschnippst werden.

Leicht: *Zwischen Korken und Murmel beträgt der Abstand 50 cm.* ★

Mittel: *Der Abstand wird auf 100 cm vergrößert.* ★★

Schwer: *Jedes Kind stapelt die Korken zur Pyramide und versucht, diese per Murmelschnippsen zum Einsturz zu bringen.* ★★★

Weitere Variationen: *Die Korken werden hintereinander aufgereiht, die Murmel soll den ersten Korken so umstoßen, dass ein Dominoeffekt entsteht. Aus den Korken wird ein Turm gebaut, indem die Korken übereinandergestapelt werden.*

Lernziele

Auge-Hand-Koordination, Fingergeschicklichkeit, Verbindung mit dem Kompetenzbereich Gefühle

Spiel 35: Die Füße aufwecken

Zeit:
5 bis 10 min
Gruppengröße:
1 bis 10 Kinder
Schwierigkeit:
★ bis ★★★

Materialien: Sitzgelegenheit

Durchführung: Alle Kinder sitzen auf einem Stuhl barfuß im Kreis und führen Bewegungen mit den Fußgelenken und Zehen aus:

- Füße von rechts nach links und von links nach rechts kreisen,
- Abrollen des gesamten Fußes von der Ferse bis zu den Zehenspitzen,
- Zehen hochziehen und krallen,
- mit den Zehen Klavier spielen.
- Raupe: Durch das Krallen der Zehen bewegt sich der Fuß wie eine Raupe vor und zurück.

Tipp

Dieses Spiel lässt sich sehr gut im Morgenkreis durchführen. Ein passendes Lied gibt es auch (Sing mit Nelly 10.11.2019).

★ **Leicht:** *Das Spiel wird im Sitzen durchgeführt, und die Füße schaukeln vor und zurück.*

★★ **Mittel:** *Mit den Zehen Klavier spielen oder krallend die Bewegungen der Raupe nachahmen.*

★★★ **Schwer:** *Das Spiel wird im Stehen durchgeführt.*

Weitere Variationen: *Die Zehen schauen von links nach rechts, während die Fersen an ihrem Platz bleiben. Die Füße kreisen. Entgegengesetztes Bewegen: ein Fuß auf die Ferse, der gegenseitige Fuß auf den Ballen. Veränderungen des Untergrundes, z.B. in der Sandkiste oder auf dem Rasen.*

Lernziele

Fußmotorik

Spiel 36: Schwungübungen

Zeit:
15 min
Gruppengröße:
1 bis 10 Kinder
Schwierigkeit:
★ bis ★★★

Materialien: Eimer mit Wasser, größerer Pinsel

Durchführung: Mit einem Pinsel in der Hand, der in den Wassereimer getaucht wird, werden draußen auf dem Hof am Boden Schwungübungen, kleine Kunstwerke oder erste Buchstaben gemalt.

Leicht: *Die Kinder malen zügig schräge Linien auf den Boden.* ★
Mittel: *Die Kinder malen Wellenlinien, liegende Achten, Wolken und Sonnen.* ★★
Schwer: *Es werden erste Buchstaben (z.B. die eigenen Initialen) mit dem Pinsel geschrieben.* ★★★
Weitere Variationen: *Das Malen mit dem Pinsel kann auch durch Mal-Reime begleitet werden (z.B.: „Punkt, Punkt, Komma, Strich, fertig ist das Mondgesicht!")*

Grafomotorik

Lernziele

Spiel 37: Tuchwanderung

Materialien: ein oder mehrere bunte Tücher

Zeit:
10 bis 20 min
Gruppengröße:
10 bis 20 Kinder
Schwierigkeit:
★ bis ★★★

Durchführung: Die Kinder sitzen im Stuhlkreis oder im Kreis auf dem Fußboden. Die pädagogische Fachkraft legt ein Tuch oder mehrere bunte Tücher in die Kreismitte. Das Tuch soll nun von den Kindern mit den Füßen weitergereicht werden. Den meisten Kindern ist das Weiterreichen von Gegenständen mit den Händen bekannt, die wenigsten haben es schon einmal mit den Füßen versucht. Das Tuch darf auf seiner Wanderung von Kind zu Kind nicht herunterfallen. Ziel ist es, das Tuch einmal im Kreis laufen zu lassen. Werden mehrere Tücher weitergereicht, sollten diese verschiedene Farben haben, um nachvollziehen zu können, ob das Tuch wieder an seinen Ausgangspunkt zurückgekehrt ist. Die neue koordinatorische Herausforderung führt in der Regel zu viel Spaß.

Tipp

Dieses Spiel kann auch gut im Morgenkreis gespielt und mit einem Begrüßungslied kombiniert werden. Es wird dann immer das Kind „besungen", welches gerade das Tuch hat. Das Tempo des Gesangs muss an die Schnelligkeit des Weiterreichens angepasst werden oder die Schnelligkeit des Weiterreichens bestimmt das Tempo des Gesangs.

Leicht: *Die beschriebene Spielvariante ist leicht.* ★
Mittel: *Es werden nacheinander zwei oder mehr Tücher mit den Füßen im Kreis weitergegeben.* ★★
Schwer: *Statt der Tücher können auch PET-Flaschen verwendet werden. Um nachvollziehen zu können, ob mindestens eine Flasche wieder an ihren Ausgangspunkt zurückgekehrt ist, werden diese mit Farbpunkten versehen.* ★★★
Weitere Variationen: *Zu dem Spiel passend kann mit leicht geändertem Text das traditionelle Kinderlied „Ringlein, Ringlein, du sollst wandern" gesungen werden.*

Lernziele

Fußmotorik, Geschicklichkeit, Koordination

Spiel 38: Punktieren

Zeit: 10 min
Gruppengröße: 1 bis 6 Kinder
Schwierigkeit: ★ bis ★★★

Materialien: Stift, DIN-A4-Papier, Stoppuhr

Durchführung: Die Kinder versuchen, innerhalb einer Minute mit einem Stift so viele Punkte wie möglich auf ein Blatt Papier zu malen.

Tipp

Die Blattpositionierung ist beim Linkshänder spiegelverkehrt zum Rechtshänder.

★ **Leicht:** *Die Kinder benutzen dicke Stifte und haben keine Zeitvorgabe.*
★★ **Mittel:** *Die Übung wird innerhalb einer Zeitvorgabe mit einem dicken Stift durchgeführt.*
★★★ **Schwer:** *Die Kinder malen so viele Kreise wie möglich.*
Weitere Variationen: *Sofern die Händigkeit schon festgelegt ist, kann das Punktieren auch mit der nicht-dominanten Hand probiert werden. Das Blatt Papier kann zum Basteln weiterverwendet werden (z.B. zum Falten eines Schiffchens oder eines Papierfliegers).*

Lernziele

Auge-Hand-Koordination, Grafomotorik

Spiel 39: Fußabdrücke

Zeit: 15 bis 20 min
Gruppengröße: 2 bis 6 Kinder
Schwierigkeit: ★ bis ★★★

Materialien: Stifte und Papier, evtl. Malfarben und Waschgelegenheit

Durchführung: Die Kinder finden sich paarweise zusammen.

Ein Kind stellt sich barfuß auf ein Blatt Papier. Das andere Kind malt die Fußumrisse mit einem Stift nach. Anschließend malen die Kinder ihre Fußabdrücke bunt aus.

★ **Leicht:** *Die Zehen werden bei der Umrandung des Fußes ausgelassen.*
★★ **Mittel:** *Die Fußumrandung erfolgt mit dem Nachmalen der Zehen.*
★★★ **Schwer:** *Die Kinder führen die Übung alleine mit ihren eigenen Füßen durch.*
Weitere Variationen: *Die Fußsohle mit Farbe bemalen und „stempeln“. Statt der Füße werden die Handumrisse nachgemalt. Auf einem großen Blatt Papier ver-*

ewigen alle Kinder gemeinsam ihre Fußabdrücke. Aus dem Fußabdruck wird ein lustiges Monster gemalt.

Grafomotorik, Körperwahrnehmung

Lernziele

Spiel 40: Deckelkastagnetten

Materialien: Tonpapier oder Pappe, Klebstoff, pro Kind zwei Metalldeckel z.B. von Marmeladengläsern, evtl. Malfarben, und Aufkleber

Zeit:
15 min
Gruppengröße:
1 bis 6 Kinder
Schwierigkeit:
★

Durchführung: Jedes Kind bekommt ein Stück festes Papier (Tonpapier oder Pappe) in der Größe einer Kinderhand und etwas breiter als die Deckel, die verwendet werden sollen. Nun wird das Papier in der Mitte gefaltet. Nach dem Aufklappen wird auf jede Blatthälfte ein Metalldeckel geklebt. Zur Rhythmuserzeugung wird die gebastelte Kastagnette nun so in die Hand genommen, dass die Deckel aufeinander knallen, wenn die Hand geschlossen wird (Downloadmaterial: Deckelkastagnetten).

★ **Leicht:** *Die hier beschriebene Bastelanleitung ist als leicht einzustufen.*
Weitere Variationen: *Die Kastagnetten können zuvor in der Bastelsituation bunt dekoriert oder beklebt werden, oder die Kastagnetten können aus halben Walnussschalen hergestellt werden.*

Feinmotorik, Handmotorik, Dosierung von Kraft, Rhythmusgefühl

Lernziele

Spiel 41: Deckeltambourin

Materialien: Pappteller, viele Metalldeckel (z.B. von Marmeladengläsern in verschiedensten Größen), Klebstoff, evtl. Malfarben

Zeit:
15 bis 20 min
Gruppengröße:
2 bis 6 Kinder
Schwierigkeit:
★

Durchführung: Die Pappteller werden mit der tiefen Seite aufeinandergelegt, mehrere Deckel werden hineingelegt. Dann werden die Ränder der Pappteller zusammengeklebt. Nun muss das Tambourin nur noch dekoriert werden.

★ **Leicht:** *Die hier beschriebene Bastelei ist leicht anzufertigen.*

Feinmotorik, Handmotorik

Lernziele

Spiel 42: Gläserxylophon

Zeit:
30 min
Gruppengröße:
2 bis 4 Kinder
Schwierigkeit:
★ bis ★★★

Materialien: vier Gläser pro Kind, Wasser, ein Löffel oder Holzstäbchen pro Kind, ggf. Wischlappen (falls doch mal etwas umkippt)

Durchführung: Jedes Kind erhält vier Gläser und befüllt diese unterschiedlich voll mit Wasser. Nun kann mit dem Löffel vorsichtig auf die Ränder der Gläser geschlagen werden. Die Töne hören sich unterschiedlich an.

★ **Leicht:** *Die Kinder schlagen vorsichtig gegen die Wand der Gläser.*
★★ **Mittel:** *Nun wird eine festgelegte Reihenfolge, ggf. Melodie angeschlagen (z.B.: Glas 1 – Glas 3 – Glas 2 – Glas – 4 Glas – Glas 1 – Glas 2 – Glas 3 – Glas 1). Jedes Kind übt dies alleine oder mit dem Tischnachbarn.*
★★★ **Schwer:** *Die gesamte Gruppe spielt die Melodie gemeinsam.*
Weitere Variationen: *Es kann auch mit den nassen Fingern im Pinzettengriff am Rand der Gläser gerieben werden, um Geräusche zu erzeugen.*

Lernziele
Auge-Hand-Koordination, Feinmotorik, Rhythmusgefühl

Spiel 43: Mosaik

Zeit:
30 min
Gruppengröße:
1 bis 10 Kinder
Schwierigkeit:
★ bis ★★★

Materialien: buntes Papier (Buntpapier oder Wendeblätter), Klebstoff, neutrales Blatt Papier

Durchführung: Die Kinder zerreißen das Buntpapier mit dem Pinzettengriff in viele kleine Schnipsel. Im Anschluss daran werden die Schnipsel in einer einfachen Form (z.B. Kreis, Viereck) aufgeklebt.

★ **Leicht:** *Die beschriebene Übung ist als leicht einzustufen.*
★★ **Mittel:** *Die Schnipsel werden in eine auf dem neutralen Blatt vorgegebene komplexere Form geklebt (z.B. ein Herz).*
★★★ **Schwer:** *Statt der Finger wird eine Pinzette zum Zerreißen des Papiers genutzt.*
Weitere Variationen: *Diese Bastelei eignet sich hervorragend für einen Thementag. Dann werden passende Malvorlagen beklebt. Es können auch unterschiedlich dicke Papiersorten verwendet werden, um das Reißen zu erschweren oder zu erleichtern.*

Lernziele
Auge-Hand-Koordination, Grafomotorik

Spiel 44: Kneten

Materialien: Knete oder Salzteig

Zeit: 20 min
Gruppengröße: 2 bis 8 Kinder
Schwierigkeit: ★ bis ★★★

Durchführung: Die Kinder formen mit Knetmasse Objekte und Figuren. Zunächst zeigt die pädagogische Fachkraft einfache große Formen, die nachgeformt werden sollen. Dazu können beide Hände genommen werden.

Leicht: *Die beschriebene Übung ist als leicht einzustufen.* ★
Mittel: *Die Kinder kneten mit nur einer Hand.* ★★
Schwer: *Die Kinder bauen komplexere Figuren wie Schnecke mit Fühlern und Igel mit Stacheln, da das spezielle Formen die Grafomotorik fördert.* ★★★
Weitere Variationen: *Jedes Kind knetet eine Form, ein Tier etc. seiner Wahl oder nach Vorgabe der pädagogischen Fachkraft (diese kann dies gut an die Fähigkeiten des einzelnen Kinds anpassen), ohne mit den anderen Kindern darüber zu sprechen. Danach erraten alle anderen, was das Kind geformt hat.*

Grafomotorik, Kraftdosierung

Lernziele

Spiel 45: Baumeister

Materialien: viele bunte Wäscheklammern

Zeit: 15 min
Gruppengröße: 1 bis 3 Kinder
Schwierigkeit: ★ bis ★★★

Durchführung: Die Kinder bauen mit Wäscheklammern einen möglichst hohen Turm, indem sie die Wäscheklammern aufeinanderstapeln.

Leicht: *Die beschriebene Übung ist als leicht einzustufen.* ★
Mittel: *Der Turm wird mit Fenstern und Tür gebaut, indem die Klammern ineinander geklemmt werden.* ★★
Schwer: *Es werden Häuser, Gebäudekomplexe und Brücken aus Wäscheklammen gebaut.* ★★★

Feinmotorik, Konstruktionsspiel

Lernziele

Spiel 46: Gemüsetiere und Obstgesichter

Zeit:
20 min
Gruppengröße:
1 bis 5 Kinder
Schwierigkeit:
★ bis ★★★

Materialien: Obst und Gemüse nach Wahl und Saison, Rechts- und Linkshändermesser für Kinder, Keksausstecher in unterschiedlichen Formen, Teller oder Anrichteplatten

Durchführung: Die Kinder schneiden oder stechen unter Aufsicht der Fachkraft verschiedene Formen aus Obst- und Gemüsesorten. Bevor das Obst und Gemüse verzehrt wird, werden Gesichter oder Tiere aus den Formen auf den Tellern oder Anrichteplatten gelegt.

Tipp

Dieses Spiel eignet sich auch hervorragend zur Vorbereitung der gemeinsamen Obstpause.

★ **Leicht:** *Die Kinder stechen mit dem Keksausstecher bereits fertige Tierfiguren oder Formen aus dem in dünne Scheiben geschnittenen Obst oder Gemüse aus.*

★★ **Mittel:** *Es werden einfache Formen ausgestochen oder mit dem Messer geschnitten und zu einfachen Formen (z.B. Gesicht) gelegt.*

★★★ **Schwer:** *Es werden komplexere Formen mit dem Messer geschnitten und zu Gesichtern und Tieren zusammengebaut.*

Lernziele

Auge-Hand-Koordination, Fingergeschicklichkeit, Kraftdosierung, sicherer Umgang mit dem Messer

Spiel 47: Figuren angeln

Zeit:
10 min
Gruppengröße:
1 bis 10 Kinder
Schwierigkeit:
★★ bis ★★★

Materialien: Strohhalme, vorbereitete Papierfiguren

Durchführung: Zur Vorbereitung werden verschiedene Formen und Figuren aus Papier ausgeschnitten. Diese werden nun auf den Tisch gelegt. Mit dem Strohhalm im Mund versuchen die Kinder nun, die Papierfiguren anzusaugen und auf den eigenen Stapel abzulegen. Es kann einen Gewinner geben, dies ist aber kein Muss.

★★ **Mittel:** *Die beschriebene Übung ist als mittelschwer einzustufen.*

★★★ **Schwer:** *Statt Papier wird (dünne) Pappe verwendet.*

Lernziele

Atemmuskulatur, Gesichts- und Mundmotorik, Koordination

4.3 Koordination – Geschickt eingefädelt

Spiel 48: Schleife binden

Zeit: 15 min
Gruppengröße: 1 bis 3 Kinder
Schwierigkeit: ★ bis ★★★

Materialien: Pappe, Locher, Schnürsenkel oder einen „Lernschuh"

Durchführung: Ist kein Lernschuh vorhanden, schneidet zunächst entweder die pädagogische Fachkraft oder jedes Kind ein Stück Pappe in Form eines Schuhs zurecht. Dann werden mehrere Löcher für die Schnürsenkel eingestanzt (auf jeder Seite drei bis vier; Downloadmaterial: Schleife binden). Das Spiel wird zweigeteilt:

- Im ersten Teil demonstriert die pädagogische Fachkraft den Kindern, wie der Schnürsenkel eingefädelt wird.
- Im zweiten Teil bekommen die Kinder gezeigt, wie eine Schleife gebunden wird.

Selbstverständlich kann die Übung auch an einem richtigen Schuh geübt werden. Die gebastelten „Übungsschuhe" können auch gut für andere Kinder aufbewahrt werden.

Tipp

Es gibt auch passende Kinderlieder zum Thema Schnürsenkelbinden (z.B. Zubambini 27.02.2019).

Leicht: *Die Kinder führen jeden einzelnen Schritt des Schnürsenkeleinfädelns und -bindens gleichzeitig mit der pädagogischen Fachkraft durch, welche diesen ansagt und vormacht (Achtung: Setzen Sie sich zur Demonstration des Schleifebindens neben das Kind, wenn es die rechte Hand präferiert, aber dem Kind bei der Demonstration des Schleifebindens gegenüber, wenn es die linke Hand präferiert).* ★

Mittel: *Die pädagogische Fachkraft sagt die Schritte an, macht sie aber nicht mehr vor.* ★★

Schwer: *Die Kinder versuchen, die einzelnen Schritte des Schnürsenkeleinfädelns und/oder -bindens zusammen aus dem Kopf zu machen.* ★★★

Lernziele

Feinmotorik, Koordination, Verbindung zur Kognition

Spiel 49: Klatsch-Treffen

Zeit: 15 min
Gruppengröße: 5 bis 20 Kinder
Schwierigkeit: ★ bis ★★★

Materialien: ein Ball zum Prellen für jedes Kind

Durchführung: Die Kinder bewegen sich im Raum und prellen dabei einen Ball. Immer, wenn sich zwei Kinder treffen, müssen sie sich mit einer Hand abklatschen und gleichzeitig den Ball weiter prellen. Dabei dürfen sie den Ball nicht verlieren.

★ **Leicht:** *Die Kinder prellen beim Abklatschen nicht weiter, sondern stoppen, nehmen den Ball in die eine Hand oder klemmen ihn sich unter den Arm und klatschen mit der anderen Hand ihr Gegenüber ab. Dann bewegen sie sich prellend weiter vorwärts.*
★★ **Mittel:** *Die beschriebene Übung ist als mittelschwer einzustufen.*
★★★ **Schwer:** *Die Kinder klatschen beim Laufen und Ballprellen noch zusätzlich auf den Oberschenkel.*
Weitere Variationen: *Die Kinder können beim Laufen hüpfen oder auf den Zehenspitzen gehen. Die Kinder können mit den Füßen abklatschen, in dem sie sich kurz auf ein Bein stellen.*

Lernziele Koordination

Spiel 50: Rollen

Zeit: 5 min
Gruppengröße: 1 bis 6 Kinder
Schwierigkeit: ★ bis ★★

Materialien: Matten zum Unterlegen

Durchführung: Jedes Kind hat seine eigene Turnmatte zum Unterlegen. Nun werden die Kinder aufgefordert, um die eigene Längsachse zu rollen. Dabei können die Arme nach oben Richtung Kopf oder zur Seite ausgestreckt sein.

★ **Leicht:** *Die Kinder rollen um die eigene Längsachse.*
★★ **Mittel:** *Die Kinder machen mehrere Rollen hintereinander.*
Weitere Variationen: *Die Kinder rollen in beide Richtungen (links- und rechtsherum).*

Lernziele Koordination, Körperwahrnehmung, Raumorientierung, Stabilität im Rumpf- und Schulterbereich

Spiel 51: Eierlauf

Zeit: 5 bis 10 min
Gruppengröße: 5 bis 10 Kinder
Schwierigkeit: ★ bis ★★★

Materialien: je Kind ein Löffel oder ein anderes Schöpfinstrument, ein Tischtennisball oder ein hart gekochtes oder ausgepustetes Ei, für den Hindernisparcours: Turnbank, Matten, einige Murmeln

Durchführung: Jedes Kind bekommt einen Löffel oder eine Schöpfkelle in die Hand, worauf ein ausgepustetes oder hart gekochtes Ei oder ein Tischtennisball abgelegt wird. Ziel ist es, eine gewisse Strecke zurückzulegen, ohne dass das Ei oder der Tischtennisball auf den Boden fällt.

Leicht: *In der leichten Variante transportieren die Kinder das Ei oder den Tischtennisball in der Schöpfkelle.* ★
Mittel: *Die Kinder transportieren das Ei oder den Tischtennisball auf dem Löffel.* ★★
Schwer: *Die Kinder müssen mit dem Ei oder dem Tischtennisball auf dem Löffel einen Hindernisparcour überwinden, z.B. über eine Turnbank steigen, auf einer Bank balancieren, über eine weiche Matte gehen oder Pylonen im Slalom umgehen.* ★★★
Weitere Variationen: *Die Kinder treten in Mannschaften gegeneinander an. Es können auch Murmeln oder Gummibärchen auf dem Löffel oder in der Schöpfkelle transportiert werden. Die Kinder gehen rückwärts oder seitwärts.*

Lernziele

Auge-Hand-Koordination, Geschicklichkeit, motorische Sensibilisierung

Spiel 52: Klatschspiele

Zeit: 10 min
Gruppengröße: 2 bis 8
Schwierigkeit: ★ bis ★★★

Materialien: Es werden keine Materialien benötigt.

Durchführung: Zwei Kinder stehen sich gegenüber. Während sie einen Reim aufsagen, klatschen sie bei jeder Silbe gegenseitig in die Hände, z.B. „Bei Müllers hat's gebrannt“:

„Bei Müllers hat's gebrannt -brannt -brannt.
Da bin ich hin gerannt -rannt -rannt.
Da kam ein Polizist -zist -zist,
der schrieb mich auf die List List List.
Die List fiel in den Dreck Dreck Dreck.
Da war die Liste weg weg weg.“

★ **Leicht:** *Die Kinder klatschen abwechselnd in die Hand des Partners.*
★★ **Mittel:** *Die Kinder klatschen gleichzeitig diagonal.*
★★★ **Schwer:** *Erst klatschen die Kinder gerade zum Partner, dann in die eigenen Hände und anschließend diagonal.*
Weitere Variationen: *Bei bestimmten Worten klatschen die Kinder auf die eigenen Oberschenkel oder mit einer Hand auf die eigene Schulter.*

Lernziele: Auge-Hand-Koordination, Feinmotorik, Koordination

Spiel 53: Samba-Band

Zeit: 10 min
Gruppengröße: 3 bis 8 Kinder
Schwierigkeit: ★ bis ★★★

Materialien: verschiedene Musikinstrumente (z.B. Deckeltambourin, Kastagnetten, Trommeln, Rasseln, Klanghölzer), eine Tischplatte

Durchführung: Jedem Kind oder jeder Kindergruppe wird ein Rhythmus vorgegeben, den es/sie mit seinem/ihrem Musikinstrument oder mit den Händen auf die Tischplatte klatschend erzeugt. Dazu können auch selbstgebastelte Musikinstrumente genutzt werden. Ein passendes Lied gibt es auch (Sonny Rocket – Thema 24.11.2016).

★ **Leicht:** *Die Kinder klatschen bzw. trommeln im gleichmäßigen langsamen Rhythmus, den die pädagogische Fachkraft vorgibt.*
★★ **Mittel:** *Die Kinder klatschen einen regelmäßigen Rhythmus aus einer langen und zwei kurzen Noten.*
★★★ **Schwer:** *Jede Gruppe klatscht oder trommelt in ihrem Takt, so dass ein gemeinsames rhythmisches „Musikstück" entsteht.*
Weitere Variationen: *Die Kinder klatschen oder trommeln in schnellem und langsamem Rhythmus, den sie versetzt beginnen wie in einem Kanon. Damit begleiten sie z.B. bekannte Lieder.*

Lernziele: Koordinationsfähigkeit, Rhythmusgefühl

Spiel 54: Balanceakt

Materialien: Kreide oder Kreppband zum Markieren der Linie

Zeit: 15 min
Gruppengröße: 1 bis 10 Kinder
Schwierigkeit: ★ bis ★★★

Durchführung: Die Kinder werden aufgefordert, auf der Linie, die die Fachkraft markiert hat, entlang zu balancieren, indem sie immer einen Fuß dicht vor den nächsten setzen.

Leicht: *Die pädagogische Fachkraft malt eine gerade Linie, auf der die Kinder entlang balancieren.* ★
Mittel: *Die Kinder balancieren auf der geraden Linie auf Zehenspitzen entlang.* ★★
Schwer: *Die pädagogische Fachkraft malt bzw. klebt eine Wellen- oder Zick-zack-Linie, auf der die Kinder normal oder auf den Zehenspitzen balancieren.* ★★★
Weitere Variationen: *Die Kinder laufen die Linien rückwärts entlang oder balancieren zusammen in Gruppen und halten sich dabei an der Hand. Die Kinder tragen ein Sandsäckchen beim Balancieren auf dem Kopf.*

Koordination, Gleichgewicht

Lernziele

Spiel 55: Wäschekorb-Ninja

Materialien: Wäschekorb, sehr langes Band, viele kleine Gegenstände, Grillzange

Zeit: 30 min
Gruppengröße: 1 bis 3 Kinder
Schwierigkeit: ★ bis ★★★

Durchführung: Ein Wäschekorb wird mit einem langen Faden wie ein Spinnennetz bespannt. In den Wäschekorb werden verschiedene kleinere Gegenstände gelegt: Pompoms, kleine Tierfiguren, Bausteine, Korken, kleine Bälle. Die Kinder versuchen nun, nacheinander mit einer Grillzange einen Gegenstand aus dem Wäschekorb zu angeln, ohne das Spinnennetz zu berühren.

Leicht: *Der Korb ist sehr grob bespannt, und die Kinder versuchen, mit den bloßen Händen die Gegenstände herauszuholen.* ★
Mittel: *Die Kinder versuchen, durch die großen Löcher im Spinnennetz Gegenstände mit der Grillzange herauszuholen.* ★★
Schwer: *Der Wäschekorb wird sehr engmaschig bespannt.* ★★★
Weitere Variationen: *Es werden unter Zeitdruck so viele Gegenstände wie möglich aus dem Wäschekorb geholt. Im Wäschekorb liegen besonders kleine Gegenstände wie Murmeln.*

Feinmotorik, Koordination, Geschicklichkeit

Lernziele

Spiel 56: Wellen im Sturm

Zeit: 10 min
Gruppengröße: 6 bis 20 Kinder
Schwierigkeit: ★ bis ★★

Materialien: Es werden keine Materialien benötigt.

Durchführung: Bis auf ein Kind sitzen alle Kinder im Stuhlkreis. Es fehlt also ein Stuhl. Das Kind ohne Stuhl steht in der Mitte und gibt das Kommando: „Große Welle links!" Dann rutschen alle sitzenden Kinder einen Platz nach links. Auf das Kommando: „Große Welle rechts!" rutschen alle Kinder einen Platz nach rechts. Ziel ist es, dass das Kind ohne Sitzplatz einen Platz im Stuhlkreis ergattert. Das Kind, das daraufhin ohne Sitzplatz ist, gibt nun die Kommandos und versucht, einen Platz zu erhaschen.

★ **Leicht:** *Der Abstand der Stühle ist etwas größer.*
★★ **Mittel:** *Die Stühle stehen eng nebeneinander.*

Lernziele

Koordination

4.4 Wahrnehmen und Spüren – Den Körper erleben

Spiel 57: Karottenziehen

Zeit: 10 bis 20 min
Gruppengröße: 10 bis 20 Kinder
Schwierigkeit: ★★ bis ★★★

Materialien: Es werden keine Materialien benötigt.

Durchführung: Zu Beginn des Spiels wird ein Kind ausgewählt, das den Hasen spielt. Alle anderen Kinder spielen die Karotten und legen sich hierfür mit dem Bauch auf den Boden in einen Kreis. Die Köpfe zeigen zur Kreismitte. Die Kinder hängen sich mit ihren Armen bei ihren NachbarInnen ein, so dass sie möglichst fest verbunden sind. Der Hase darf sich dann eine besonders leckere Karotte aussuchen und versuchen, diese aus der Erde, d.h. aus dem Kreis herauszuziehen. Hierzu darf er die Karotte, also das gewählte Kind, an den Beinen oder Füßen fassen, daran ziehen und rütteln, bis sie bzw. es sich aus dem Kreis herauslöst. Nun wird der Hase zu einer Karotte und die geerntete Karotte zum Hasen.

★★ **Mittel:** *Der Hase versucht, durch Kitzeln an den Füßen die Karotte aus dem Kreis zu lösen.*

Schwer: *Das beschriebene Spiel ist als schwer einzustufen, da es sich eher für ältere Kinder eignet.* ★★★

Körperwahrnehmung, Kraftdosierung

Lernziele

Spiel 58: Geräuschmemory

Materialien: ca. 10 bis 20 kleine, gleich aussehende Dosen, deren Inhalt nicht erkannt werden kann (z.B. „Filmdosen" oder Ü-Eier), versch. Materialien wie Sand, Murmeln, Erbsen, Büroklammern, Reis, Nudeln, Steine, Bügelperlen, Wasser

Zeit: 30 min
Gruppengröße: 1 bis 5 Kinder
Schwierigkeit: ★ bis ★★★

Durchführung: Zunächst müssen immer zwei Dosen mit etwa der gleichen Menge desselben Materials befüllt werden. Dies kann die pädagogische Fachkraft gemeinsam mit den Kindern machen oder allein. Dann werden die Dosen gut verschlossen. Nun wird mit den Dosen Memory gespielt, indem zwei Dosen in die Hand genommen und geschüttelt werden. Werden Dosen mit dem vermeintlich selben Inhalt gefunden, darf nachgeschaut werden. Stimmt es, darf das Kind die Dosen behalten, stimmt es nicht, werden sie zurückgestellt.

Leicht: *Jedes Kind bekommt zu Beginn des Spiels eine Dose. Die „Partnerdosen" werden auf das Spielfeld gestellt. Dann darf jedes Kind pro Runde eine Dose vom Spielfeld in die Hand nehmen, schütteln und mit dem Geräusch der eigenen vergleichen. Ist es das gleiche, darf es die Dose behalten und das Spiel für das Kind ist beendet; ist es nicht das gleiche, stellt es die Dose wieder auf das Spielfeld zurück und darf in der nächsten Runde wieder schütteln.* ★
Mittel: *Das beschriebene Spiel mit wenig Dosen ist als mittelschwer einzustufen.* ★★
Schwer: *Das beschriebene Spiel mit vielen Dosen und entsprechend vielen Materialien ist als schwer einzustufen.* ★★★
Weitere Variationen: *Es kann auch mit duftenden Materialien gespielt werden. Die Kinder müssen dabei den gleichen Duft erschnuppern.*

auditive Wahrnehmung, Feinmotorik

Lernziele

Spiel 59: Fußmassage

Zeit: 5 min
Gruppengröße: 1 bis 10 Kinder
Schwierigkeit: ★ bis ★★★

Materialien: Es werden keine Materialien benötigt.

Durchführung: Alle Kinder sitzen barfuß auf dem Boden.

Ein Fuß wird auf den eigenen Schoß gelegt und die Fußsohle mit einer Hand oder beiden Händen massiert.

★ **Leicht:** *Mit einer Hand die Fußsohle streicheln, kitzeln und mit den Daumen hineindrücken.*

★★ **Mittel:** *Finger und Zehenzwischenräume ineinander verschränken.*

★★★ **Schwer:** *Mit wenig und viel Druck die Fußsohle kneten. Den Fuß mit beiden Händen gegengleich verwringen.*

Lernziele

Tiefenwahrnehmung der Füße

Spiel 60: Verstecken

Zeit: 10 min
Gruppengröße: 1 bis 4 Kinder
Schwierigkeit: ★★ bis ★★★

Materialien: ein kleines Stück Lebensmittel (z.B. Mandarinenstückchen)

Durchführung: Jedes Kind bekommt ein Stückchen Mandarine und soll dieses in den Mund nehmen, ohne es zu kauen.

Nun soll es das Stück Mandarine mit der Zunge im Mund verschieben: in die linke Wange, vorne zwischen oberem Schneidezahn und Lippe, in die rechte Wange ganz hinten, unter die Zunge. An den jeweiligen Positionen wird das Stück Mandarine belassen. Das Kind greift sich nun mit der eigenen Hand von außen an die Stelle um zu zeigen, wo das Stück Mandarine nun „versteckt" ist.

★★ **Mittel:** *Das Stück Mandarine wird im Mundraum versteckt. Die anderen Kinder erraten, wo das Stückchen Obst ist.*

★★★ **Schwer:** *Die beschriebene Übung ist als schwer einzustufen.*

Lernziele

Feinmotorik des Mund-Zungen-Komplexes

Spiel 61: Picasso

Materialien: Matten, Karte mit verschiedenen geometrischen Formen

Zeit: 30 min
Gruppengröße: beliebig
Schwierigkeit: ★ bis ★★

Durchführung: Die Kinder finden sich zu zweit zusammen. Ein Kind legt sich auf den Bauch. Das andere Kind setzt sich neben das liegende Kind. Nun malt das sitzende Kind verschiedene Formen mit dem Finger auf den Rücken des liegenden Kindes. Das liegende Kind errät, was gemalt wurde. Nach einigen Malversuchen wird getauscht.

Leicht: *Die Kinder bekommen vorher Karten mit verschiedenen Formen. Diese werden nebeneinander gelegt und sind für alle sichtbar. Daraufhin wählt das sitzende Kind sich, ohne es dem anderen zu sagen, eine Karte aus und malt diese Form auf den Rücken des liegenden Kindes. Das liegende Kind errät daraufhin, welche der Formen das sitzende Kind gemalt hat. Die Karte kann liegenbleiben oder entfernt bzw. zugedeckt werden.* ★

Mittel: *Die beschriebene Spielvariante ist als mittelschwer einzustufen.* ★★

Körperwahrnehmung

Lernziele

Spiel 62: Pizzabäcker

Materialien: Matten

Zeit: 20 min
Gruppengröße: beliebig
Schwierigkeit: ★ bis ★★★

Durchführung: Die Kinder finden sich paarweise zusammen. Ein Kind liegt auf dem Bauch, das andere Kind sitzt daneben. Nun backt das sitzende Kind eine Pizza auf dem Rücken des Kindes. Die pädagogische Fachkraft sagt die einzelnen Schritte an: „Wir wollen jetzt eine Pizza backen. Dazu muss erst der Teig geknetet werden.“ Das Kind knetet den Rücken des liegenden Kindes. „Dann wird der Teig ausgerollt und auf dem Blech in alle Ecken verteilt.“ Dazu verteilt das Kind den „Teig“ auf dem ganzen Rücken des liegenden Kindes. „Nun muss die Tomatensoße auf den Pizzateig: Die verteilt ihr mit sanften Streichbewegungen auf dem Rücken.“ „Kinder, was möchtet ihr noch auf die Pizza haben?“ Entsprechend der Ideen der Kinder werden z.B. „Salamischeiben“ auf den Rücken gepatscht, Tomaten erst geschnitten und dann verteilt, der Käse gerieben und locker verteilt.

Leicht: *Die pädagogische Fachkraft leitet jeden Schritt in ihrer Ausführung genau an.* ★

★★ **Mittel:** *Die Kinder denken sich selbst Zutaten und deren Nachahmung aus.*
★★★ **Schwierig:** *Die Kinder massieren sich gegenseitig nach dem bekannten Vorgehen des Pizzabackens ohne Anleitung der pädagogischen Fachkraft.*

Lernziele

Entspannung, Körperwahrnehmung, Verbindung zum Themenkomplex Gefühle

Spiel 63: Geschmacksafari

Zeit: 20 min
Gruppengröße: 1 bis 10 Kinder
Schwierigkeit: ★ bis ★★★

Materialien: Lebensmittel in mundgerechten Stückchen, Augenbinde

Durchführung: Es werden verschiedene mundgerechte Stücke von Lebensmitteln bereitgelegt. Die Kinder sehen nach Möglichkeit nicht, um welche es sich handelt.

Die Kinder sitzen im Kreis. Nun werden einem Kind die Augen verbunden. Die pädagogische Fachkraft gibt diesem Kind ein Stück der vorbereiteten Lebensmittel in den Mund und das Kind errät nun, um was es sich handelt. Die Kinder sind einzeln nacheinander dran.

★ **Leicht:** *Es wird vorher mit den Kindern besprochen, welche Lebensmittel es gibt und wie diese schmecken.*
★★ **Mittel:** *Die beschriebene Übung ist als mittelschwer einzustufen.*
★★★ **Schwer:** *Es werden zwei bis drei Stücke Lebensmittel in den Mund genommen. Es muss herausgefunden werden, um welche Lebensmittel es sich handelt.*
Weitere Variationen: *Ein Stück Schokolade wird im Mund behalten, bis es weggeschmolzen ist. Die Kinder erleben das Geschmackserlebnis mit geschlossenen Augen und entspannen dabei.*

Lernziele

Geschmackswahrnehmung

Spiel 64: Körper spüren

Materialien: Matte, großes Papier, Stifte, Malfarben, Aufkleber, Glitzersteine

Zeit:
20 min
Gruppengröße:
1 bis 10 Kinder
Schwierigkeit:
★

Durchführung: Die Kinder nehmen nach Aufforderung der pädagogischen Fachkraft verschiedene Positionen ein. Mit geschlossenen Augen sollen sie die Körperareale nennen, die mit dem Boden Kontakt haben. Mögliche Positionen sind:
- Bauchlage,
- Seitenlage,
- Schneidersitz,
- Fersensitz,
- Vierfüßlerstand,
- Einbeinstand.

Leicht: *Die beschriebene Spielvariante ist als leicht einzustufen.* ★
Weitere Variationen: *Die Kinder benennen die Körperteile, die keinen Kontakt mit dem Boden haben. Die Kinder umranden ihre Silhouette gegenseitig. Im Anschluss kann der Körperabdruck bunt bemalt oder beklebt werden.*

Körperwahrnehmung, Grob- und Feinmotorik

Lernziele

Spiel 65: Atmen mit dem Luftballon

Materialien: Matte, Luftballons

Zeit:
10 min
Gruppengröße:
1 bis 20 Kinder
Schwierigkeit:
★

Durchführung: Jedes Kind liegt auf dem Rücken mit einem aufgepusteten Luftballon auf dem Bauch. Nun soll jedes Kind so gleichmäßig ein- und ausatmen, dass der Luftballon auf dem Bauch gleichmäßig hoch- und runterschwebt.

Leicht: *Grundsätzlich ist dies eine leichte Übung, da es um die Entspannung und ruhige Bauchatmung geht. Der Luftballon muss sich nicht perfekt bewegen.* ★
Weitere Variationen: *Die Kinder legen die Hände flach auf den Bauch, auf die Brust oder an die Flanken und spüren die eigenen Körperbewegungen des Körpers unter den Händen.*

Atemwahrnehmung, Entspannung

Lernziele

Tipps zum Weiterlesen:

Beigel, D., Grönemeyer, D. (2017): Ich wär' jetzt mal 'ne Fledermaus. Spiel- und Bewegungsgeschichten zur sensomotorischen Förderung. modernes Lernen, Dortmund

Erkert, A. (2021): Im Morgenkreis den Teamgeist wecken. modernes Lernen, Dortmund

Labbé Verlag (o. J.): Spiel des Tages.

Labbé Verlag (o. J.): Warum weht der Wind?

Pauli, S., Kisch, A. (2019): Geschickte Hände. modernes Lernen, Dortmund

Rösner, M., Küsgen, B. (2017): Fuß-Abenteuer. modernes Lernen, Dortmund

Rößler, S. (2004): Physiotherapeutische Gruppenbehandlung mit Pfiff. Urban & Fischer, München

VIBSS (o. J.): Bewegungsspiele Rund um die Ernährung.

Literatur

Ahnert, J., Schneider, W. (2007): Entwicklung und Stabilität motorischer Fähigkeiten vom Vorschul- bis ins frühe Erwachsenenalter. Zeitschrift für Entwicklungspsychologie und Pädagogische Psychologie, 39, 12–24

Albers, T. (2013): Bewegungsbaustelle als elementardidaktisches Prinzip einer bewegten Kitakultur. Nifbe-Fachbeiträge. In: https://www.nifbe.de/fachbeitraege-von-a-z?view=item&id=362&catid=66&showall=1&start=0, 16.11.20

AWMF online (Hrsg.) (2011): Deutsch-Schweizerische Versorgungsleitlinie basierend auf internationalen internationalen Empfehlungen (EACD-Consensus) zu Definition, Diagnose, Einschätzung und Vorgehen bei Umschriebenen Entwicklungsstörungen motorischer Funktionen (UEMF). http://www.awmf.org/leitlinien/detail/ll/022-017.html, Zugriff: 29.09.2020

Ayres, A.J. (2013): Bausteine kindlicher Entwicklung: Sensorische Integration verstehen und anwenden. Springer, Berlin/Heidelberg

Bader-Johansson, C. (2000): Motorik und Interaktion. Georg Thieme, Stuttgart

Bandura, A. (1992): Observational learning. In: Squire, L.R. (Eds.): Encyclopedia of learning and memory. McMillan, New York, 482–484

Bartoldus, B. (02.07.2019): Komm, beweg dich mit! – Fünf Bewegungsspiele für den Morgenkreis. In: https://www.klett-kita.de/komm-beweg-dich-mit-fuenf-bewegungsspiele-fuer-den-morgenkreis/, 16.11.20

Beudels, W., Diehl, U., Böcker-Giannini, N. (2019): Bewegungsförderung in der inklusiven Kita. Ernst Reinhardt, München

Bischoff, A., Menke, R., Madeira Firmino, N., Sandhaus, M., Ruploh, B., Zimmer, R. (o.J.): Sozial-emotionale Kompetenzen. Fördermöglichkeiten durch Spiel und Bewegung. Nifbe-Themenheft Nr. 12. In: https://www.nifbe.de/images/nifbe/Infoservice/Downloads/Themenhefte/Sozial-emotionale_Kompetenzen_online.pdf, 03.07.2020

Bizzini, M. (2000): Sensomotorische Rehabilitation nach Beinverletzungen. Georg Thieme, Stuttgart

Bös, K. (2009): Motorische Leistungsfähigkeit von Kindern und Jugendlichen. In: Schmidt, W. (Hrsg.): Zweiter Deutscher Kinder- und Jugendsportbericht. Hofmann, Schorndorf, 37–156

Bower J.K., Hales D.P., Tate, D.F., Rubin, D.A., Benjamin, S.E., Ward, D.S. (2008): The childcare environment and children's physical activity. Am J Prev Med., 34 (1) 23–9

Brandt, S. (2018): Mit Worten wachsen: Bibliotheksengagement für nachhaltige kulturelle Bildung. In: https://www.kubi-online.de/artikel/worten-wachsen-bibliotheksengagement-nachhaltige-kulturelle-bildung, 29.09.2020

Burdette, H.L., Whitaker, R.C. (2005): Resurrecting free play in young children: looking beyond fitness and fatness to attention, affiliation, and affect. Archives of Pediatrics & Adolescent Medicine, 159, 46–50

Carle, E. (1972): Die kleine Raupe Nimmersatt. Gerstenberg, Hildesheim

Conzelmann, A. (2009): Plastizität der Motorik im Lebenslauf. In: Baur, J., Bös, K., Conzelmann, A., Singer, R. (Hrsg.): Handbuch Motorische Entwicklung. Hofmann, Schorndorf, 69–86

De Bock, F. (o.J.): Bewegungsförderung im Kindes- und Jugendalter. In: https://kgm.pebonline.de/fileadmin/speakers/documents/Kapitel_08.pdf, 05.09.2020

Deutsche Gesellschaft für Ernährung e.V. (2009): Qualitätsstandards für die Verpflegung in Tageseinrichtungen für Kinder. DGE, Bonn In: https://www.daj.de/fileadmin/user_upload/Qualitaetsstandards-fuer-die-Verpflegung-in-KiTas.pdf, 16.11.20

DGUV (2017): Lernen und Gesundheit, Konzentration fördern. In: https://www.dguv-lug.de/fileadmin/user_upload_dguvlug/Unterrichtseinheiten/Primarstufe/Bitte_konzentrier_dich/ABS_2017_11_Hintergrundinformationen_fuer_die_Lehrkraft_1.pdf, 25.11.2020

Digi4under6.at (o.J.): Die kleine Raupe Nimmersatt. In: https://digi4under6.at/erzaehl-mir-was/die-kleine-raupe-nimmersatt/, 16.11.20

Engel A., Hehemann, C. (2006): Fördern erleichtern mit Ritualen. Mildenberger, Offenburg

Engeroff, T., Füzéki, E. (2017): Sitzender Lebensstil und Gesundheit. In: Banzer, W. (Hrsg.): Körperliche Aktivität und Gesundheit. Springer, Berlin/Heidelberg, 77–84

Erhorn, J. (2016): Bewegung in der frühen Kindheit inszenieren. In: Erhorn, J. Schwier, J., Hampel, P. (Hrsg.): Bewegung und Gesundheit in der Kita. transcript, 143–162

Fischer, K., Hölter, G., Beudels, W., Krus, C.J.A., Kuhlenkamp, S. (2016): Bewegung in der frühen Kindheit Fachanalyse und Ergebnisse zur Aus- und Weiterbildung von Fach- und Lehrkräften. Springer, Wiesbaden

Forrester G.S., Rodriguez, A. (2015): Slip of the tongue: Implications for evolution and language development. Cognition, 141, 103–111

Fossdal, T. S., Kippel, K., Handegard B. H., Lagestad, P. (2018): „Oh oobe dooo, I wanna be like you". Associations between physical activity of preschool staff and preschool children. PLoS ONE, 13(11). In: https://journals.plos.org/plosone/article?id=10.1371/journal.pone.0208001, 05.09.2020

Gabrys, L. (2017): Körperliche Fitness als gesundheitsrelevanter Prädiktor. In: Banzer, W. (Hrsg.): Körperliche Aktivität und Gesundheit. Springer, Berlin / Heidelberg, 67–75

Ginsburg, K. R. (2007): The importance of play in promoting healthy child development and maintaining strong parent-child bonds. Pediatrics, 119(1), 182–191

Graf, C. (2017): Empfehlungen für gesundheitswirksame körperliche Aktivität im Kindes- und Erwachsenenalter. In: Banzer, W. (Hrsg.): Körperliche Aktivität und Gesundheit. Springer. Berlin / Heidelberg, 61–66

Gulden, E., Scheer, B., Wasem, M. (2017): Der rhythmische Morgenkreis. Don Bosco, München

Haber, P. (2018): Leitfaden zur medizinischen Trainingsberatung. Springer, Berlin / Heidelberg

Hagemann, C. (o. J.): Der gute Morgenkreis in Krippe und Kindergarten: Spielideen und Wissenswertes. In: https://www.backwinkel.de/blog/morgenkreis/, 16.11.20

Haug-Schnabel, G., Bensel, J. (2005): Grundlagen der Entwicklungspsychologie. Die ersten 10 Lebensjahre. Herder, Freiburg im Breisgau

Herrmann, C., Ferrari Ehrensberger, I., Wälti, M., Wacker, S., Kühnis, J. (2018): MOBAK-KG: Motorische Basiskompetenzen im Kindergarten. Testmanual. http://mobak.info/wp-content/uploads/2018/07/MOBAK-KG.pdf, 23.09.2020

Hirler, S. (2005): Rhythmik – Spiel und Lernen im Kindergarten. Bildung durch ganzheitliche Musikerziehung. Beltz, Weinheim

Horst, R.(2005): Motorisches Strategietraining und PNF. Georg Thieme, Stuttgart

Jentgens, S. (2009): Erzählspiele von A bis Z. Westermann, Braunschweig

Jungmann, T., Koch, K., Schulz, A. (2019): Überall stecken Gefühle drin. Ernst Reinhardt, München

Jungmann, T., Morawiak, U., Meindl, M. (2018): Überall steckt Sprache drin. Ernst Reinhardt, München

Kasüschke, D., Jares, L. (2010): Pädagogik in Kindertageseinrichtungen: Raum, Struktur und Handlung im Sozialen. In: Kasüschke, D. (Hrsg.): Didaktik in der Pädagogik der frühen Kindheit. Carl Link, Kronach, 225–263

Kesper, G., Hottinger, C. (2021sssss): Mototherapie bei Sensorischen Integrationsstörungen. Ernst Reinhardt, München

Kindergesundheit-info.de (o. J.): Ernährung in der Kita. In: https://www.kindergesundheit-info.de/fuer-fachkraefte/kita/alltag-in-der-kita/kita-essen/, 16.11.20

Kinderlieder zum Mitsingen und Bewegen (27.09.2019): Die Reise nach Jerusalem – Singen, Tanzen und Bewegen || Kinderlieder. In: https://youtu.be/OH6opOB2mxM, 16.11.20

Kinderlieder zum Mitsingen und Bewegen (30.06.2017): He, ho, wir sind Piraten – Klassiklieder zum Mitsingen || Kinderlieder. In: https://www.youtube.com/watch?v=E04NBD-4UbU&feature=youtu.be, 16.11.20

Kinderlieder zum Mitsingen und Bewegen (24.05.2019): Von Kopf bis Fuß – Singen, Tanzen und Bewegen || Kinderlieder. In: https://www.youtube.com/watch?v=o-mybJKgcVk, 16.11.20

Kirschner, S., Tomasello, M. (2010): Joint music making promotes prosocial behavior in 4-year-old children. Evolution and Human Behavior, 31, 354–364

Knauf, T., Düx, G., Schlüter, D. (2007): Handbuch pädagogische Ansätze. Praxisorientierte Konzeptions- und Qualitätsentwicklung in Kindertageseinrichtungen. Cornelsen Scriptor, Berlin

Koch, K., Schulz, A., Jungmann, T. (2020): Überall steckt Mathe drin. Ernst Reinhardt, München

Kopic, A. (2013): Bildende Räume – Raumgestaltung und ihre Bedeutung für Bildungsprozesse. In: Loseblattsammlung Zweijährige im Kindergarten. September, 15–24

Kretschmer, J. (2000): Mit Bewegungslandschaften der veränderten Bewegungsumwelt begegnen? Sportunterricht (49) 2, 44–49

Krombolz, H. (2015): Untersuchung der Entwicklung und Förderung von Kindern mit unterschiedlichem motorischen Leistungsstand im Vorschulalter. Zeitschrift für Sportpsychologie, 22 (2), 63–76

Krus, A., Bahr, S. (2016): Bewegung als Medium der Gesundheitsförderung. In: Fischer, K., Hölter, G., Beudels, W., Jasmund, C., Krus, A., Kuhlenkamp, S. (Hrsg.): Bewegung in der frühen Kindheit. Springer, Berlin, 61–73

Kruse, C. (2013): Kompetenzen und Interessen von Kindern als Planungsgrundlage. KitaAktuell NRW, 5. In: http://www.kompik.de/fileadmin/inhalte/Dokumente/Ver%C3%B6ffentlichungen/2013_5_Kompetenzen_und_Interessen_als_Planungsgrundlage.pdf, 23.09.2020

Labbé Verlag (o. J.): Dreh dich nicht um. In: http://www.labbe.de/liederbaum/index.asp?themaid=22&titelid=244, 16.11.20

Labbé Verlag (o. J.): Punkt, Punkt I. In: https://www.labbe.de/zzzebra/index.asp?themaid=317, 16.11.20

Labbé Verlag (o. J.): Spiel des Tages. In: https://www.labbe.de/spielotti/, 16.11.20

Labbé Verlag (o. J.): Warum weht der Wind? In: https://www.labbe.de/zzzebra/, 16.11.20

Largo, R. H. (2010): Babyjahre. Piper, München

Lear, S. A., Hu, W., Rangarajan, S., Gasevic, D., Leong, D., Iqbal, R. (2017): The effect of physical activity on mortality and cardiovascular disease in 130 000 people from 17 high-income, middle-income, and low-income countries: The PURE-study. The Lancet, 390(10113), 2643–2654

Lehmann, G. (2010): Haltungs- und Bewegungsförderung für Kinder. Physiotherapie in der Primärprävention. In: Hüter-Becker, A., Dölken, M. (Hrsg.): Physiotherapie in der Pädiatrie. Georg Thieme, Stuttgart, 477–508

Lensing-Conrady, R. (2014): Mathe in Bewegung – vom Körperraum zum Zahlenraum. Praxis der Psychomotorik, 2/2014, 66–74

Leschnik, A. (2020): Grafo- und Schreibmotorik. In: Leschnik, A. (Hrsg.): Entwicklungsstörungen in Grob-, Fein- und Grafomotorik. essentials. Springer, Wiesbaden, 37–51

Lichterkinder (05.12.2015): Körperteil Blues (Offizielles Tanzvideo) – Lichterkinder | Kinderlieder | Bewegungslieder. In: https://youtu.be/iXFAunwnIxE, 16.11.20

Madeira Firmino, N. (2015): Bewegungsorientierte Sprachbildung in der frühen Kindheit. Eine empirische Studie zur bewegungsorientierten Sprachbildung im Krippenalltag unter Berücksichtigung familiärer Einbindung. Klinkhardt, Bad Heilbrunn

Montessori, M. (1984): Das kreative Kind. Der absorbierende Geist. Herder, Freiburg

Nacke, A. (2005): Ergotherapie bei Kindern mit Wahrnehmungsstörungen. Georg Thieme, Stuttgart

Nennstiel-Ratzel, U., Lüders, A., Arenz, S., Wildner, M., Michaelis, R. (2013): Elternfragebögen zu Grenzsteinen der kindlichen Entwicklung im Alter von 1 bis 6 Jahren. Kinderärztliche Praxis, 84 (2), 106–114

Pauen, S. (2011): Vom Baby zum Kleinkind. Spektrum, Heidelberg

Payne, V. G., Isaacs, L. (2011): Human Motor Development: A lifespan approach. McGraw Hill Higher Education, New York

Payr, A. (2018a): Heute bin ich Zirkus-Star. Verlag an der Ruhr, Hannover

Payr, A. (2018b): Heute fliege ich zum Mond. Verlag an der Ruhr, Hannover

Payr, A. (2018c): Heute gehe ich auf Schatzsuche. Verlag an der Ruhr, Hannover

Piaget, J. (1994): Das Weltbild des Kindes. Klett-Cotta, Stuttgart

Pohl, G. (2014): Kindheit aufs Spiel gesetzt. Springer, Berlin/Heidelberg

pro-kita.com (13.05.2019): 5 Tipps, um linkshändige Kinder effektiv zu fördern. In: https://www.pro-kita.com/kitaleitung/5-tipps-fuer-linkshander/, 16.11.20

Regel, G., Kühne, T. (2007): Pädagogische Arbeit im Offenen Kindergarten: Profile für Kitas und Kindergärten. Herder, Freiburg

Riffard, N., Freutel, L. (o.J.): Heute ist Musik! Tolle Tanz- und Bewegungslieder für Kinder. In: https://www.familienleben.ch/freizeit/unterhaltung/die-10-schoensten-bewegungslieder-fuer-kinder-5844, 16.11.20

Rosenhagen, H. (2017): Bewegung und Gesundheit im Kindesalter. In: Banzer, W. (Hrsg.): Körperliche Aktivität und Gesundheit, Springer, Berlin/Heidelberg, 123–137

Rosenkötter, H. (2020): Körperliche Entwicklung. In: Roos, J., Roux, S. (Hrsg.): Das große Handbuch Frühe Bildung in der Kita. Wolters Kluwer, Hürth, 121–134

Roth, K., Roth C. (2009): Entwicklung koordinativer Fähigkeiten. In: Baur, J., Bös, K., Conzelmann, A., Singer, R. (Hrsg.): Handbuch Motorische Entwicklung, Hofmann, Schorndorf, 197–225

Rütten, A., Pfeiffer, K. (2016): Nationale Empfehlungen für Bewegung und Bewegungsförderung. Erlangen-Nürnberg: Universität FAU. In: https://www.sport.fau.de/files/2016/05/Nationale-Empfehlungen-f%C3%BCr-Bewegung-und-Bewegungsf%C3%B6rderung-2016.pdf, 03.07.2020

Schack, T., Pollmann, D. (2020): Entwicklungsförderung der kindlichen Motorik. Monatsschrift Kindheilkunde, 168, 215–221

Scheid, V. (2009): Motorische Entwicklung in der frühen Kindheit. In: Baur, J., Bös, K., Conzelmann, A., Singer, R. (Hrsg.): Handbuch Motorische Entwicklung. Hofmann, Schorndorf, 281–300

Schwarz, R. (2020): Bewegung bilden, Bildung durch Bewegung. In: Roos, J., Roux, S. (Hrsg.): Das große Handbuch Frühe Bildung in der Kita. Wolters Kluwer, Hürth, 349–364

Sepp, H., Hoijer, K. (2016): Food as tool for learning in everyday activities at preschool – an exploratory study from Sweden, Food & Nutrition Research, 60 (1), 32603

Sing mit Nelly (10.11.2019): Meine Füße – Kinderlied Sing mit Nelly Kinderlieder zum Mitmachen. In: https://youtu.be/8ySNnIwrYWI, 23.11.20

Stahl-von Zabern, J., Böcker-Giannini, N. (2016): Der Raum als „3. Bewegungserzieher". In: Fischer, K., Hölter, G., Beudels, W., Jasmund, C., Krus, A., Kuhlenkamp, S. (Hrsg.): Bewegung in der frühen Kindheit. Springer, Wiesbaden, 297–308

Stahl-von Zabern, J., Kopic, A., von Zabern, L. (2014): Raum für Bewegung. Anregungen für eine bewegungsfreundliche Raumgestaltung. Kindergarten heute, 6–7, 16–20

StoryToys Entertainment Limited (2017): Die kleine Raupe Nimmersatt – Spiele und Entdecke. In: https://apps.apple.com/de/app/die-kleine-raupe-nimmersatt-spiele-entdecke/id852270582, 16.11.20

Sonny Rocket – Thema (24.11.2016): Copacabana Samba Bar. In: https://youtu.be/LiYbCorS8Ek, 16.11.20

Textor, M.R., Becker-Textor, I. (2011): Musik und Tanz in der Kita. In: https://kindergartenpaedagogik.de/fachartikel/bildungsbereiche-erziehungsfelder/musikalische-bildung-rhythmik/2200, 16.11.20

Thiel, C., Bernardi, A., Hübscher, M. (2017): Körperliches Training in Prävention und Therapie – Gestaltung und Effekte. In: Banzer, W. (Hrsg.): Körperliche Aktivität und Gesundheit. Springer, Berlin/Heidelberg, 17–60

Tröster, H., Flender, J., Reineke, D., Wolf, S.M. (2016): DESK 36 R: Dortmunder Entwicklungsscreening für den Kindergarten-Revision. Hogrefe, Göttingen

VIBSS (o.J.): Bewegungsspiele Rund um die Ernährung. In: https://www.vibss.de/sportpraxis/praxishilfen/kinder/bewegungsspiele-rund-um-die-ernaehrung/, 16.11.20

Vorholz, H. (2014): Offene Arbeit. Cornelsen Scriptor, Berlin

Weiss, A., Weiss, W., Stehle, J., Zimmer, K., Heck, H., Raab, P. (2004): Beeinflussung der Haltung und Motorik durch Bewegungsförderungsprogramme bei Kindergartenkindern. Deutsche Zeitschrift für Sportmedizin, 55 (4), 101–105

Whinnery, K.W., Whinnery, S.B. (2007): MOVE: Systematic programming for early motor intervention. Infants and Young Children, 20 (2), 102–108

Wilk, M., Jasmund, C. (2015): Kita-Räume pädagogisch gestalten. Den Raum als Erzieher nutzen. Beltz, Weinheim

Wolf, M. (2010): „Komm, spiel mit mir“. Die Bedeutung des Spiels in der kindlichen Entwicklung von 0–6 Jahren. In: Hüter-Becker A., Dölken, M. (Hrsg.): Physiotherapie in der Pädiatrie. Georg Thieme, Stuttgart, 33–39

Zägelein, W. (2013): Move for Live. Gesund durch Bewegung. Springer, Berlin/Heidelberg

Zimmer, R. (2016): Handbuch Sprachförderung und Bewegung. Herder, Freiburg

Zimmer, R. (2015): Motoriktest für vier- bis sechsjährige Kinder (MOT 4–6). Hogrefe, Göttingen

Zimmer, R. (2014): Handbuch der Bewegungserziehung. Grundlagen für Ausbildung und pädagogische Praxis. Herder, Freiburg

Zimmer, R. (2013): Handbuch der Psychomotorik. Herder, Freiburg

Zimmermann, K. (1996): Trainingslehre. In: Hüter-Becker, A., Schewe, H., Heipertz, W. (Hrsg.): Physiotherapie Lehrbuchreihe Band 2 Physiologie und Trainingslehre, Georg Thieme, Stuttgart

Zubambini (27.02.2019): Schuh Binde Song | Kinderlied. In: https://youtu.be/lZ471uV12_k, 16.11.20

Register

Leseprobe aus

Tanja Jungmann / Katja Koch / Andrea Schulz: Überall stecken Gefühle drin

3. Ein Tag in der Kita

Zunächst wird auf übergreifende Förderaspekte eingegangen, die in jeder Situation im Alltag der Kindertageseinrichtungen eine Rolle spielen können. Im Anschluss daran werden Situationen aus dem Alltag der Kindertageseinrichtung aufgegriffen und herausgestellt, welche Komponenten der sozial-emotionalen Entwicklung (Was?) auf welche Art und Weise spielerisch gefördert werden können (Wie?). Die übergreifenden Aspekte und jede Alltagssituation enden mit Reflexionsfragen, die zur Auseinandersetzung mit den eigenen Haltungen anregen sollen.

3.1 Übergreifende Förderaspekte

Das Kind ist in der Kindertageseinrichtung Teil einer Gemeinschaft. Um im Zusammensein mit anderen Menschen sozial kompetent handeln zu können, sind grundsätzlich zwei Vorausetzungen wichtig (Kap. 1.1):

1 Konflikte, die sich beim Durchsetzen der eigenen Interessen ergeben, müssen ausgehalten werden.
2 Die Interessen der anderen müssen mit den eigenen verknüpft werden.

Diese beiden gegensätzlichen Aspekte müssen letztlich (je nach Situation) so gesteuert werden, dass gleichzeitig sowohl die eigenen als auch die Bedürfnisse anderer berücksichtigt werden. Je besser das Kind eigene und fremde Gefühle wahrnehmen und mit diesen umgehen kann, desto leichter fällt es ihm, sich in die Gruppe zu integrieren, mit anderen Kindern zu kooperieren und seine eigenen Interessen durchzusetzen. In der Gemeinschaft bauen Kinder Beziehungen zur Fachkraft und zu anderen Kindern auf.

Der Umgang mit sozialen Gruppen ist eine notwendige Voraussetzung für die Entwicklung der sozialen Kompetenz. Nur im Umgang mit anderen können Kinder ihre eigene Identität ausbilden. Sie entdecken, dass es Gemeinsamkeiten und Unterschiede zwischen sich und anderen gibt. Sie erleben hier unterschiedliche Interessenlagen und müssen in vielfältigen Situationen eigene Interessen gegenüber denen anderer abwägen, sie verteidigen und sie miteinander verknüpfen. Neben der Regulation von Emotionen ist es dazu besonders wichtig, sein Verhalten regulieren zu können, d.h. angemessen mit Problemsituationen umzugehen.

In der Auseinandersetzung mit anderen Kindern lernen sie, sich selbst zu behaupten, indem sie ihre Bedürfnisse äußern und diese den anderen gegenüber kommunizieren. Kinder brauchen dazu insbesondere den Kontakt zu Gleichaltrigen (Peers) im Spiel. Das enorme Förderpotenzial des Spiels resultiert insbesondere aus der intrinsischen Motivation der Kinder, denn: Alle Kinder wollen spielen! Bis zum Alter von sechs Jahren vollzieht sich der Wechsel vom Parallelspiel zum gemeinsamen Spiel (Kap. 2.1). Dabei machen Kinder Erfahrungen mit Kooperation und Konkurrenz, bei denen die Fachkraft die Kinder gezielt unterstützen kann.

Je nach ihrem Charakter besitzen Spiele unterschiedliche Potenziale, die sozial-emotionale Entwicklung sowie die soziale Kompetenz auf verschiedenen Stufen der kindlichen Entwicklung zu fördern (Kap. 2.2).

- Rollenspiele: Beim Rollenspiel müssen sich die Kinder in die Rolle eines anderen hineinversetzen, also einen Perspektivwechsel vornehmen. Hierzu müssen verschiedene Abstimmungs- bzw. Aushandlungsprozesse bewältig werden, z.B. wer welche Rolle übernimmt. Auf diese Form des Spiels wird ausführlicher im Zusammenhang mit der Freispielsituation (Kap. 3.2) eingegangen.

Abb. 8: Kooperatives Verhalten

- **Regelspiele:** Bei Regelspielen erfahren die Kinder den verpflichtenden Charakter von Regeln und Normen. Indem zwei Kinder oder zwei Gruppen von Kindern gegeneinander im Wettspiel antreten, erfahren sie die Freude, die ein Sieg mit sich bringt, ebenso müssen sie mit dem Frust des Verlierens klarkommen und lernen, ihre Gefühle zu regulieren.

- **Kooperative Spiele:** Kooperative Spiele sind im Unterschied dazu charakterisiert durch das gemeinsame Erreichen eines Ziels. Im Spielprozess erfahren die Kinder, Teil einer sozialen Gruppe zu sein, die allein der eigenen Bedürfnisbefriedigung dienen, kontrolliert (und zurückgestellt) werden. Die Kinder erfahren, dass andere Kinder ebenso wie sie selbst Stärken haben, die entsprechend eingesetzt das Erreichen des gemeinsamen Ziels begünstigen.

Erlebte und ausgehaltene Spannungen sind ein weiteres sehr wichtiges soziales Lernfeld. Bei gelungener Konfliktlösung stärken sie die sozial-emotionalen Kompetenzen der beteiligten Kinder (Pfeffer 2012).

Sie lernen sich und ihr Gegenüber besser kennen, müssen sich abgrenzen, ihre eigene Meinung äußern und vertreten. Die gemeinsame Lösungsfindung, die z.B. in einem Kompromiss besteht, aber auch darin, dass sich ein Kind durchsetzt und ein anderes nachgibt, fördert die Beziehung.

Kindliche Konflikte können auf drei Arten bewältigt werden:

1 Die Kinder lösen ihre Konflikte allein. Das oberste Ziel im Umgang mit Konflikten ist, dass die Kinder lernen, Konflikte möglichst selbstständig zu lösen. Sie streiten sich schnell, aber genauso schnell vertragen sie sich auch wieder. Viele Konflikte können sie alleine lösen, man muss sie nur lassen. Dabei gehen sie oft andere Wege als die Erwachsenen.

Beispiel

Mia und Sarah bauen gemeinsam einen Tierpark. Beim Verteilen der Tiere entbrennt ein heftiger Streit um den Elefanten, den beide haben wollen. Die Fachkraft bemüht sich mit dem Vorschlag, dass zuerst Mia und dann, nach einiger Zeit, Sarah den Elefanten nutzen könnten. Der Vorschlag scheitert allerdings am erneuten Streit darüber, wer die erste sein soll. Beide Mädchen weinen inzwischen. Während die Fachkraft noch weiter für einen Kompromiss argumentiert, wendet sich Mia plötzlich wieder dem Tierpark zu und sagt zu Sarah: „Jetzt vertragen wir uns wieder!" Beide Mädchen spielen weiter, als wäre nichts geschehen.

Leseprobe

Im Konfliktfall kann für die älteren Kinder auch ein kleiner Tisch mit zwei Stühlen zum Streitschlichtertisch umfunktioniert werden. Die beteiligten Kinder setzen sich an diesen Tisch und versuchen, ihren Streit ohne Einmischung anderer zu lösen.

In manchen Situationen lässt sich die Handlung, die zum Streit führte, rückgängig machen, z.B. wenn ein Kind einem anderen etwas weggenommen hat. Manchmal gehen sie auch auseinander, bis der erste Zorn verraucht ist. Nachgeben ist ein weiteres Mittel, um Konflikte zu beenden. Aber auch Nachgeben will gelernt sein.

2 Ein anderes Kind oder die Fachkraft vermittelt. Zur Lösung von Konflikten im beidseitigen Einvernehmen, insbesondere bei einseitiger Abwertung, Drohung oder Verzweiflung ist es notwendig, dass die Fachkraft zwischen den beteiligten Kindern vermittelt, damit sie eigenständig zu einer Lösung des Konfliktes kommen.

Leitfaden zur Konfliktbewältigung

- Was ist hier das Problem?
- Wie fühlen sich die Beteiligten dabei?
- Welchen Wunsch haben die Beteiligten?
- Was kann getan werden, um das Problem zu lösen? Gibt es Alternativen?
- Für welche Lösung entscheidet ihr euch und warum? Konnte dadurch der Konflikt gelöst werden?

Wichtig ist dabei die eigene Neutralität, d.h. die Fachkraft sollte für keine Seite Partei ergreifen. Bisherige Erfahrungen mit einem Kind sollten ebenso wenig thematisiert werden und auch Verallgemeinerungen helfen nicht weiter.

(...)

Leseprobe

Leseprobe (S. 53–56) aus:

Jungmann / Koch / Schulz :
Überall stecken Gefühle drin
Alltagsintegrierte Förderung
emotionaler und sozialer Kompetenzen
für 3- bis 6-jährige Kinder
Mit Online-Materialien.
3., aktualisierte Auflage 2021.
126 Seiten. 9 Abb. 3 Tab.
(978-3-497-03052-1) kt

„Überall stecken Gefühle drin" weist auf das enorme Potenzial hin, sozial-emotionale Kompetenzen in Alltagssituationen in Kitas zu fördern. Das Buch zeigt, wie Kinder lernen, mit den eigenen Gefühlen und den Gefühlen anderer angemessen umzugehen, sich an soziale Regeln zu halten, selbstständig zu handeln und mit anderen zu kooperieren. Zusätzlich erhalten Fachkräfte in diesem Praxisbuch Anregungen zur Reflexion ihrer Arbeit.

reinhardt
www.reinhardt-verlag.de